Editorial

Foto: privat

Liebe Pferdefreunde und Leser,

immer wieder bin ich in Ställen unterwegs, unterhalte mich mit Pferdemenschen, und sehe, wie sie sich im Umgang mit ihrem Pferd sehr schwertun, und das, obwohl sie ihre Pferde wirklich lieben und alles für sie tun würden. Eines ist dabei sehr auffällig: Es kommt zum größten Teil zu Missverständnissen, die nicht nötig sind. Teilweise ignorieren die Pferdebesitzer die Signale ihrer Pferde, und das, obwohl die Tiere ihnen oftmals mehrmals hintereinander die gleichen Gesten zeigen. Oder die Erwartungshaltung des Menschen ist so groß, dass er es an Geduld und Verständnis fehlen lässt und frustriert Übungen abbricht. Wenn ein Pferd eine Übung nicht versteht, ist es weder dumm noch stur, sondern der Mensch gibt Signale, die in der Natur des Pferdes etwas anderes bedeuten. Wäre hier nicht ein Umdenken gefragt? In unserer letzten Ausgabe hat Arien Aguilar uns klargemacht, dass wir unsere Pferde sowohl über- als auch unterfordern, indem wir ihnen die falschen Fragen stellen, die sie „pferdisch" beantworten, was wir aber „menschlich" nicht verstehen. Darum gehen wir in dieser Ausgabe „back to the roots" – zum einen auf die Präsenz des Menschen und zum anderen, was Pferde unter den gezeigten Gesten verstehen. Gertrud Pysall macht uns ab dieser Ausgabe die Pferdevokabeln, -regeln und -rituale in einer Kolumne transparent. Petra Haubner widmet sich dem Mindmaping für Menschen, Andrea Ehlers der Macht der menschlichen Präsenz und Ulrike Dietmann geht mit ihren Studenten auf eine Heldenreise mit Pferden, die die innige Verbindung zum Pferd aufzeigt.

Wer kennt es nicht: Wenn der Tierarzt kommt, ist Stunden vorher schon Stress beim Pferd angesagt, und das wird zum Pingpong-Spiel für Pferd und Besitzer. Nina Steigerwald zeigt, dass man den Tierarztbesuch gut trainieren kann, sodass Pferd und Mensch demselben entspannt entgegensehen können. Gesundheitlich geht es bei Christina Fritz diesmal um das Thema Sarkoide und dass sie mehr als ein Schönheitsfleck sind.

Bei unserem Schwerpunktthema geht es um den flexiblen Sitz in der Einheit mit dem Menschen. Der Sitz des Reiters sollte so angenehm wie möglich für Pferd und Mensch sein, um ein entspanntes Pferd-Reiter-Erlebnis daraus zu machen. Reiten soll Spaß machen. Es ist das ultimative Erlebnis für den Menschen, mit seinem Pferd über die Wiesen und Wege zu galoppieren, aber es darf nicht sein, dass nur der Mensch seinen Spaß daran hat und das Pferd tagelang unter Rückenschmerzen leidet. Ralf Döringshoff nimmt mit der Gerittenen Osteopathie® in Anlehnung an die Biomechanik im Sinne der Pferde Stellung und Silja Schießwohl sieht die magnetische Verbindung zum Pferd auch in einem balancierten Sitz. Der Sattel spielt auch beim Sitz eine nicht unwesentliche Rolle. Jochen Schleese, Sattlermeister und Sattelergonom, beschäftigt sich intensiv mit dem geschmeidigen Sitz und welche Auswirkungen ein nicht korrekt angepasster Sattel auf den Reitstil und den Körper der Reiterin, den Sattel und schlussendlich den Körper des Pferdes haben kann und welche Spätfolgen sich dadurch auf die Gesundheit von Pferd und Reiterin ergeben können. Kirsten Fleiser hat die Hippotherapie und die Gerittene Osteopathie® ausprobiert und ihre Erkenntnisse aus dieser Erfahrung mit uns geteilt. Und sie hat abgecheckt, wie sich Reitsimulatoren und Reitsitze auf den Sitz auswirken. Sie ist dabei von Firma zu Firma gereist oder war auf Messen unterwegs. Das ist nicht selbstverständlich. Liebe Kirsten Fleiser, vielen Dank für diesen Einsatz im Sinne der Pferde.

Ob man nun reitet oder sich mit seinem Pferd am Boden beschäftigt, ist ganz egal. Wichtig ist, dass man mit seinem Pferd eine Basis erarbeitet hat, die auf Vertrauen, Achtsamkeit und Liebe aufgebaut ist, und dass wir Menschen jeden Tag aufs Neue die einzigartige Verbindung zwischen dem Pferd und uns leben, lieben und achten.

Mit pferdisch-empathischen Grüßen

Eure Martina Kiss

(Chefredakteurin)

PS: Wir freuen uns immer über Kritik und Zuschriften als Feedback auf Natural Horse (redaktion@naturalhorse.de)!

Inhalt

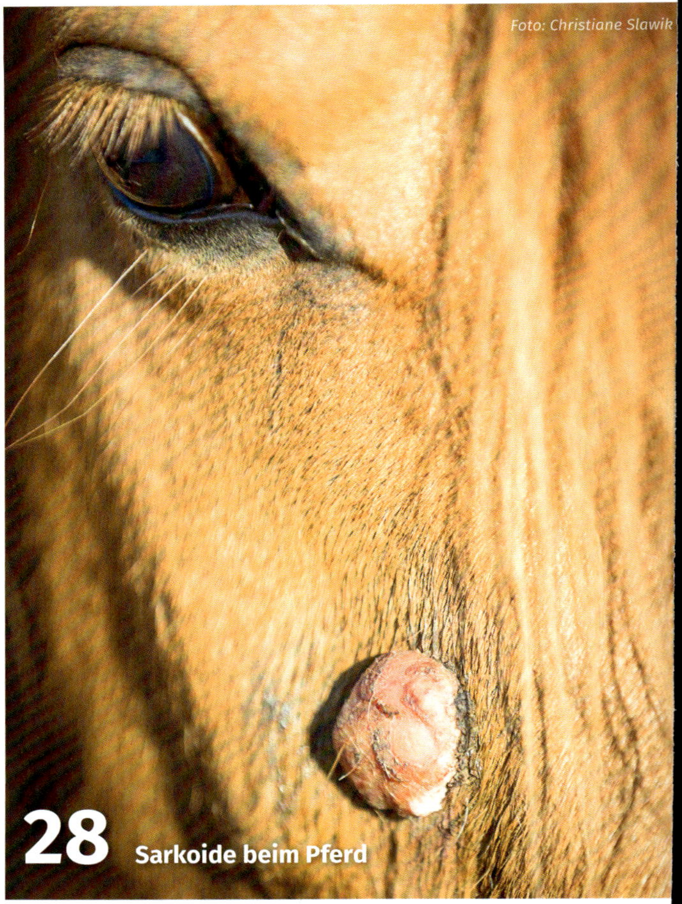

Foto: Christiane Slawik

: Tom Haubner

Foto: Maike Klein

Foto: Stephanie Strobl

Foto: Tom Haubner

Mindset für Pferdemenschen

Der wahre Schlüssel zu gutem Pferdetraining

von Petra Haubner

Wenn wir uns eine gute Beziehung und erfolgreiches Training mit unserem Pferd wünschen, liegt die Antwort nicht unbedingt in der richtigen Trainingsweise oder dem richtigen Ausrüstungsgegenstand, sondern vor allem in uns selbst. Was kitschig klingt und den einen oder anderen Pragmatiker vielleicht auf den ersten Blick abschreckt, ist eine tiefgreifende und mächtige Wahrheit für einen sicheren, feinen und erfolgreichen Umgang mit den Pferden.

Neben der richtigen Pferdehaltung und einem fairen und kompetenten Training müssen wir vor allem verstehen, wie Pferde ticken und dass sie großartige Menschenleser sind. Nur so können wir erkennen, wer wir sein müssen, damit sie sich uns gerne anschließen und das Training erfolgreich ablaufen kann.

Die emotionale Intelligenz der Pferde

Wenn wir uns bewusst machen, wie die lautlose Kommunikation der Pferde funktioniert und welche Kommunikationsebenen es gibt, wird sehr schnell klar, warum die Gedanken und Gefühle von uns Menschen für unsere Pferde eine große Rolle spielen. Es wird auch klar, weshalb Pferde ein bestimmtes Mindset von ihrem Menschen brauchen, um motiviert, sicher, aufmerksam und gelassen über den Platz zu schweben oder durchs Gelände zu streifen.

Pferde sind Beute- und Herdentiere und haben deswegen andere Kompetenzen entwickelt als wir Menschen, Hunde, Katzen oder andere Raubtiere.

- → Sie haben kaum Laute, damit sie von Raubtieren nicht gehört werden können.
- → Sie können Bewegungen besser einschätzen und Emotionen besser ablesen als wir Menschen.
- → Sie können besser hören und riechen als wir.
- → Sie sind Meister der nonverbalen Kommunikation, damit sie früher still und leise in der Wildnis überleben konnten.
- → Pferde sind Herdentiere und damit geeicht darauf, die Gefühle ihres Gegenübers zu lesen.
- → Pferde sind auf keinen Fall dümmer, inkompetenter, lernunwilliger oder denken weniger als wir – sie ticken einfach nur anders. Genau dieses „anders“ müssen wir verstehen lernen.

Pferde sind Gefühlsleser und haben eine unglaublich große emotionale Intelligenz.
Foto: Carolin Burgert

Was das für unseren Umgang bedeutet: Pferde riechen unsere Angst und sie spüren unsere Zweifel oder unseren Stress. Sie analysieren unseren Stresspegel und lesen an den Mikromuskelbewegungen unseres Körpers ab, was wir wirklich denken und fühlen.

Wenn wir Menschen nicht authentisch sind und unser Körper etwas anderes sagt als unser Mund, die Hand am Zügel oder unsere Hilfen vom Boden aus, senden wir dem Pferd eine Kakophonie der Kommunikation, die es verwirren, frustrieren oder verängstigen kann. Das ist eine simple, aber mächtige Wahrheit: Pferde wollen Klarheit und sich sicher und sorgenfrei fühlen. Dann sind sie bereit zu folgen. Damit deutlich wird, wie groß der Einfluss unserer nonverbalen Kommunikation ist und welche Macht unsere Gedanken und Gefühle haben, folgt jetzt eine auf den ersten Blick vielleicht unscheinbare Übung, die aber sehr wirkungsvoll ist.

Taten folgen Gefühlen – die Macht unserer Gedanken

So startest du in diese Übung: Wenn du das nächste Mal bei deinem Pferd bist, atmest du einmal bewusst im Training oder in einer alltäglichen Situation tief durch. Du machst diese Übung in einer Situation, in der ihr entspannt miteinander agieren könnt und keine neue Herausforderung meistern müsst. Ihr seid in einer ganz normalen und gut geübten Situation.

Als Nächstes versuchst du dich an ein vergangenes Ereignis zu erinnern, das dich wirklich verärgert oder frustriert hat. Du nimmst kein Ereignis mit deinem Pferd, sondern denkst an etwas anderes. Beispielsweise den letzten großen Ärger mit dem Chef, den Frust über die Schwiegermutter oder die beste Freundin – egal was dich verärgert hat. Du versetzt dich wieder in diese Situation und stellst dir bildlich vor, wie dieses Frustereignis stattgefunden hat. Du erinnerst dich, wie die Situation war, wie es gerochen hat, wie du dich gefühlt hast, was genau passiert ist dabei, und holst dir die negativen Gefühle wieder hoch.

Dann achte auf dein Pferd: Wie verändert es seine Körpersprache? Wie verändert sich sein Verhalten?

Jetzt versuchst du, innerhalb von Sekunden deine Gedanken ins Positive zu drehen. Du stellst dir jetzt eine schöne, angenehme oder glückliche Situation aus den letzten Wochen vor. Du erinnerst dich beispielsweise an einen Menschen, den du besonders liebst, oder an eine Situation, die dich glücklich oder zufrieden gemacht hat. Auch diese Situation sollte wieder nichts mit deinem Pferd zu tun haben. Du stellst dir die Situation genau vor, erinnerst dich an die Gerüche, den Ort und die Gefühle in dieser Situation. Vielleicht musst du auch lächeln oder ausatmen. Was auch immer du in dem Moment willst, folge einfach deinem Körper und hülle dich in diesen warmen Kokon der schönen Situation.

Dann achte auf wieder auf dein Pferd: Wie verändert es seine Körpersprache jetzt? Wie verändert sich sein Verhalten?

Ziemlich sicher wird sich dein Pferd bei der Erinnerung an die negative Situation irgendwie anspannen und kleine oder größere Stresszeichen zeigen. Gleichzeitig wird es ziemlich sicher mit dem Dreh in die Erinnerung an die schöne Situation Zeichen der Entspannung zeigen.

Wenn wir unsere Gedanken und unsere innere Haltung schnell umschalten können, wird das Pferd genau diesem Gefühl folgen. *Foto: Tom Haubner*

Mein Pferd beispielsweise hebt den Kopf, läuft angespannter und trippelt mehr beim Laufen, wenn ich an eine negative Situation denke. Wenn ich meine Gedanken dann in das schöne Gefühl drehe, schnaubt sie ab, senkt den Kopf und läuft lockerer. Innerhalb weniger Sekunden.

Ist es nicht faszinierend, wie fein die Pferde auf unsere Gedanken und Gefühle reagieren? Obwohl die Situationen in unseren Köpfen noch nicht einmal etwas mit ihnen zu tun hatten und wir vermeintlich an unseren Hilfen nichts geändert haben?

Die feinen Antennen der Pferde

Wenn wir uns durch solche Übungen klarmachen, wie fein Pferde ticken, und uns dieses Wissen immer wieder bewusst machen, beginnt nach und nach die wahre Magie zwischen Pferd und Mensch.

Noch ein Beispiel: Ich war Ich war mit meinem Pferd bei einem Extreme Trail Parcours und wir sind sehr entspannt von Hindernis zu Hindernis. Wir sind problemlos Steinstufen hoch und runter, über Wippen und über Plastikflaschen und durch undurchsichtige Wasserbecken gelaufen. Bis wir an eine sehr simple, längere und leicht erhöhte Holzplanke kamen.

Da meine Stute eine Narbe aus einer OP durch eine alte Verletzung an der Sehnenscheide an ihrem Vorderbein hat, war mir diese Holzplanke nicht ganz geheuer. Diese OP war schwierig und wir hatten damals danach einige Tage zu bibbern, ob die Wunde verheilt und meine Stute überleben wird. In mir kam der Zweifel hoch (nur kurz und nicht besonders groß, aber doch vorhanden), dass sie sich an der Kante dieser Holzplanke vielleicht genau dort stoßen könnte, wo sie sich verletzt hatte. Natürlich habe ich mir selbst versucht zu sagen, dass wir das schon schaffen und das kleine Hindernis doch angehen können – trotzdem mit dieser leisen Unsicherheit im Hinterkopf: Was wäre wenn ... sie sich doch daran verletzt ...

Das Ergebnis: Meine Stute wollte partout nicht auf diese niedrige und ziemlich harmlose Holzplanke. Sie hat davor gescheut, ist im Kreis um die Planke herumgelaufen, wollte sich nur ungerne annähern und ist lieber quer über die gesamte Planke gesprungen, als einfach nur den Vorderhuf daraufzusetzen.

Ich habe uns eine Pause gegönnt, bin im Schritt einmal im Kreis gelaufen und habe mich gefragt, warum gerade diese Planke so schwierig für mein Pferd ist, habe meine Zweifel wahrgenommen, tief durchgeatmet und beschlossen, dass nichts passieren wird.

Nur wenige Sekunden später ist das gleiche Pferd, das gerade noch gescheut hatte, mit mir in aller Gelassenheit auf die Planke und über die ganze Planke gelaufen – vor und zurück. Ohne jedes Problem. Nichts hatte sich geändert, bis auf eines: meine tief in mir liegenden Gedanken. Das Problem war nur ich. Nicht das Pferd.

Mein Pferd hat also diesen einen kurzen, kleinen Gedankenblitz „gehört" und die kleinen körpersprachlichen Veränderungen in mir wahrgenommen. Mit diesem Beispiel im Hinterkopf und all dem Wissen darüber, wie intelligent und kompetent die Pferde sind, wollen wir uns jetzt zusammen den Gefühlen widmen, unseren Blickwinkel auf die Pferde betrachten und den größten Schlüssel für erfolgreiches Pferdetraining suchen: unsere Gedanken, unsere Persönlichkeit und unsere Gefühle.

Zwölf Basis-Punkte für eine gute Pferdeführungspersönlichkeit

Ziel muss sein, dass wir der beste Pferdemensch werden, der wir sein können. Wenn wir eine feine Kommunikation mit dem Pferd wollen, müssen wir außerdem herausfinden, wer unser Pferd ist und wie es mit uns spricht. Wir müssen das Pferd ausreden lassen und seine nonverbalen Zeichen hören.

Letztlich ist das natürlich eine umfassende Veränderung und damit ein lebenslanger Weg, auf den uns die Pferde auf diese Art und Weise führen können. Trotz allem gibt es eine Liste verschiedener Punkte, die der Startpunkt für das richtige Pferdemenschen-Mindset sein können.

Verändern sich die Gefühle vom Negativen ins Positive, bekommen ersehnte Leichtigkeit und Harmonie Raum in der gemeinsamen Zeit. *Foto: Tom Haubner*

Diese Liste kann jeder Pferdebesitzer aktiv angehen und Schritt für Schritt umsetzen:

1.
Finde deine innere Mitte und sei ehrlich mit dir selbst.

2.
Erkenne deine negativen Gefühle wie Angst, Zweifel, Ärger, Frust, Stress, Hektik oder Wut an und lerne sie zu managen und mit ihnen umzugehen. Zum Beispiel durch innere Bilder, Meditationstechniken, NLP (neurolinguistische Programmierung) oder was auch immer dir dabei hilft, deine Gefühle zu managen.

3.
Atme tief ein und aus, bevor du zu deinem Pferd gehst, und lass all den Ballast aus dem Alltag hinter dir, bevor du die Koppel oder den Stall betrittst.

4.
Lerne, einen positiven Blickwinkel auf dich, dein Pferd und das Leben zu entwickeln – damit du positive Energie und Zuversicht ausstrahlen kannst.

5.
Finde deine negativen Glaubenssätze über dich heraus und wende sie ins Positive.

6.
Sei nett und geduldig mit dir selbst und sei nett und geduldig mit deinem Pferd.

7.
Überfordere und unterfordere dein Pferd nicht.

8.
Lerne die Persönlichkeit deines Pferdes kennen und höre deinem Pferd zu.

9.
Erkenne an, dass Pferde uns nicht „verarschen" wollen, sondern Gründe für ihre Widersetzlichkeiten oder „Neins" haben, und gehe auf Ursachenforschung.

10.
Glaube an dich und an eine schöne Einheit mit deinem Pferd. Trage dieses Bild tief in dir und hüte es wie einen Schatz.

11.
Lerne, dein Pferd zu lesen, indem du seine Körpersprache verstehen lernst.

12.
Lerne deine eigene Körpersprache kennen und setze sie bewusst ein.

Sind wir fokussiert und schicken dem Pferd klarere Bilder durch eine klarere Körpersprache und Signalgebung, wird es nicht nur Übungen motivierter machen, es wird sich auf uns einlassen und darauf vertrauen, dass wir es führen können. *Foto: Carolin Burgert*

helfen, uns in die richtige Richtung zu entwickeln. Sie spiegeln unsere inneren Baustellen und Probleme durch ihre Reaktionen auf unser Verhalten. Natürlich sind Pferde keine reinen emotionslosen Glasscheiben mit Spiegeleffekt, sondern bringen auch eigene Erfahrungen und Emotionen mit. Aber da sie sehr fein und sensibel auf die Gefühle und Gedanken ihres Gegenübers reagieren, spiegeln sie den Menschen und seine „Themen" durchaus ein Stück weit oder auch nur in Aspekten.

Wenn wir beispielsweise mit Hektik, Ängsten oder Unsicherheiten zum Pferd gehen, wird es auch hektischer, ängstlicher oder unwilliger werden. Wenn wir mit zu hohen Erwartungen und Perfektionsmus zum Pferd gehen, wird es diesen Druck spüren und als weitere Kommunikationsebene wahrnehmen. Zögern wir vielleicht unsichtbar in den Bewegungen oder strahlen Angst aus oder klemmen ein wenig mehr mit den Beinen oder sind zu verbissen? All das verwirrt das Pferd und wir müssen von vorne anfangen.

Diese zwölf Punkte sind nur der Anfang einer großen Reise zu der besten Pferdepersönlichkeit, die wir sein können. Jeden Tag ein bisschen mehr. Bis wir irgendwann bei uns selbst ankommen und damit auch in den Herzen unserer Pferde.

Den Pferden ist vor allem eines wichtig: dass wir Menschen authentisch sind. Alles andere verwirrt sie. Natürlich ist auch wichtig, dass die Pferde artgerecht und ihrer Persönlichkeit entsprechend gehalten werden, dass sie das individuelle Futter bekommen, das sie brauchen, dass sie gut sitzende Ausrüstung an ihrem Körper haben, dass ihr Pferdemensch sich auch als Reiter fortbildet und Hufpfleger, Tierarzt, Pferdephysiotherapeut und alle anderen Experten einen guten Job machen. Das sind die „Äußerlichkeiten", die wichtig sind, damit das Pferd gesund ist, sich wohlfühlt und keine Verhaltensauffälligkeiten zeigt.

Aber all diese Fakten setzen wir jetzt als Basis voraus und setzen an dem ganz großen Punkt an, der erfolgreiches Pferdetraining ausmacht: die Persönlichkeit und das Mindset des Pferdebesitzers.

Der größte Schlüssel sind wir selbst

Der größte Schlüssel zu erfolgreichem Pferdetraining sind wir selbst. Die gute Nachricht ist, dass unsere Pferde uns dabei

Wenn wir tief in uns nicht daran glauben, dass das Pferd unsere Trainingsideen umsetzen wird, oder gar ohne klaren Plan und klare Vorstellungen zum Pferd gehen, senden wir ein verwirrtes Wollknäuel von Signalen an das Pferd und es wird gar nichts machen oder das aus unserer Sicht Falsche.

Wenn wir dagegen mit Leichtigkeit und innerem Plan zum Pferd gehen, wird es viel wahrscheinlicher sein, dass die Trainingseinheit motiviert abläuft. Unsere Gedanken werden zu Taten des Körpers und diese nimmt das Pferd wahr. Darin steckt eine unglaubliche Chance für eine schöne Beziehung, denn wir haben die Macht, uns selbst neu zu programmieren.

Wir können unser Gehirn neu justieren, indem wir neue Datenautobahnen in unserem Gehirn für die gewünschten Eigenschaften schaffen. Wie machen wir das? Durch neue Gewohnheiten, die wir uns antrainieren. Wie trainieren wir neue Gewohnheiten? Durch Wiederholung. Je öfter wir einen Gedanken denken, ein Gefühl aktiv in uns heraufbeschwören und uns in Situationen so verhalten oder unsere Gedanken so steuern, wie wir das wollen, desto größer und dicker werden in unserem Gehirn die Datenautobahnen für die gewünschten Verhaltensweisen, sodass sie zu Gewohnheiten werden und irgendwann passiv ablaufen. Das ist eine unglaublich große Power, die uns Menschen gegeben ist und die wir für unser Leben und für die Zeit mit den Pferden nutzen können.

Zwei wichtige Faktoren

Das Gehirn hat vor allem zwei Aufgaben. Es soll erstens unseren Körper beschützen und am Leben erhalten sowie zweitens möglichst erfolgreich koordinieren. Deswegen wird es immer versuchen, die bekannten Wege zu gehen und potenzielle Gefahren- oder Problemsituationen zu vermeiden. Denn bei den bekannten Wegen weiß es, dass sie irgendwie funktionieren, und durch Angst und Zweifel sorgt es dafür, dass wir uns nicht in Gefahren begeben oder aufgrund früherer schlechter Erfahrungen solche Situationen vermeiden. Das sorgt für unser Überleben.

Wenn wir neue Gefühle, Gedankenmuster und Verhaltensweisen etablieren wollen, die uns zu einer Pferdeführungspersönlichkeit werden lassen, müssen wir uns unserer Verhaltensweisen bewusst werden, überlegen, was genau wir an uns verändern wollen, um dieses Ziel zu erreichen, und dann aktiv *immer wieder* im Alltag daran arbeiten, uns neu zu programmieren.

Wir können uns mit den vermeintlichen negativen Eigenschaften anfreunden und sie nach und nach aktiv in positive Eigenschaften und Energien wandeln. Genau dort fängt Persönlichkeitsentwicklung an. Wir können uns nach und nach ein positives Mindset und eine gelassenere Version von uns selbst erarbeiten, indem wir bewusst mit unseren individuellen Verhaltensweisen umgehen und sie optimieren.

Das Pferd wird uns durch seine Rückmeldungen und Verhaltensweisen uns gegenüber dabei helfen, diesen Weg zu beschreiten. So wird nach und nach das Pferdetraining erfolgreicher, die Beziehung zum Pferd enger und die Kommunikation mit dem Pferd feiner, bis irgendwann ein Selbstläufer daraus wird.

Eine erfolgreiche Beziehung zwischen Mensch und Pferd kann nur entstehen, wenn das Pferd lernt, dass es sich auf den Menschen in jeder Situation verlassen kann. *Foto: Tom Haubner*

Foto: Carolin Burgert

Petra Haubner ist Journalistin und hat den Blog Pferdeflüsterei (mit einem pferdefreundlichen Onlineshop für hochwertiges Zubehör, natürliches Futter und Fair Fashion sowie dem Pferdeflüsterei Campus mit Onlinevideokursen von feinen Trainern und Experten) gegründet – mit allen Facts zu artgerechter Pferdehaltung, pferdegerechtem Training und Pferdeverhalten. Von Experteninterviews bis zu Kursberichten und Trainingstipps. Immer mit dem Fokus: Pro Pferd. Ihr Motto: Pferdeflüstern bedeutet, dass wir lernen, das Flüstern der Pferde zu hören und zu verstehen. Pferdeflüstern ist kein Mythos, sondern Arbeit an uns selbst, Körpersprache, Timing, Achtsamkeit, Mindset und Wissen.
www.pferdefluesterei.de

Durch die Macht der Präsenz

in die eigene Kraft finden

von Andrea Ehlers

Foto: Florian Ehlers

Pferde leben immer im Hier und Jetzt. Sie kennen kein Gestern und kein Morgen und verschwenden somit auch keine Energie darauf, sich über die vergangenen Geschehnisse Gedanken zu machen oder zu überlegen, was morgen alles schiefgehen könnte. Deswegen können wir sehr viel von diesen wundervollen, majestätischen Tieren lernen. Denn in dem Wort Präsenz steckt auch das Wort Präsent! Es ist ein Geschenk, präsent sein zu dürfen.

Der Begriff der Präsenz, abgeleitet von lateinisch „praesens“ = „gegenwärtig“, hat zwei verschiedene Bedeutungen. Zum einen bezeichnet er den inneren Zustand oder die innere Haltung des „In-der-Gegenwart-Seins“, zum anderen beschreibt er eine Wahrnehmung von außen im Sinne von „etwas ist wahrnehmbar existent“ oder „jemand hat eine deutlich wahrnehmbare Ausstrahlung“. Interessant dabei ist, dass diese beiden Bedeutungen eng miteinander verbunden sind. Denn wer innerlich präsent ist, zeigt nach außen hin Ausstrahlung. Man kann hier schon erahnen, welche große Wirkung innere Präsenz hat. Sie geht jedoch noch weiter. Sie wird nicht nur von der einen oder anderen Person unseres Umfelds wahrgenommen, sondern sie stärkt und steuert unsere persönliche und berufliche Entwicklung.

Wer nicht präsent ist, kann die Situation, in der er gerade ist, nicht erkennen und sich somit auch nicht verändern. Vor der Veränderung oder Weiterentwicklung steht immer die Erkenntnis über „was ist“ und auch die Akzeptanz dessen. Ist dieser Schritt vollbracht, sind die nächsten oft viel klarer zu erkennen und leichter auszuführen. Außerdem macht Präsenz glücklich, weil man weniger vom Verstand gesteuert wird, die Momente intensiver erleben kann und daraus viel Kraft und Energie schöpfen kann. Aber wie kann ich nun meine Präsenz verbessern und wie helfen mir die Pferde dabei? Hierzu möchte ich zunächst kurz einen Teil meiner eigenen Geschichte erzählen, auch um zu verdeutlichen, dass, sobald man umdenkt, das Leben oder die Lebensumstände sich verändern können.

Du musst lernen, deine Gedanken zu kontrollieren, sonst kontrollieren deine Gedanken dich!

Unbekannt

Pferde – die großen Lehrmeister

Seit meiner Kindheit gehören Pferde zu meinem Leben. Sich mit Pferden zu beschäftigen, bei ihnen zu sein, Stallluft zu schnuppern, mit ihnen zu arbeiten, sie zu reiten war für mich – wie auch für andere junge Menschen, die dem Pferdevirus erlegen sind – schon immer ein großes Glück. Getreu dem Motto: Ein Leben ohne Pferde ist möglich, aber sinnlos. Dies hat sich bis heute nicht verändert. Aber erst seit meiner Ausbildung zur Raidho-Trainerin habe ich wirklich die große Tragweite erkannt, was Pferde für uns Menschen sein können. Nicht „nur" treuer Freund, Weggefährte und Partner, sondern auch großer Lehrmeister und Heiler unserer Seele.

Die besten Lehrmeister in meinem Leben: Charly, ein Schimmelaraber, der mich über 23 Jahre begleitete, bis er im stolzen Alter von 36 über die Regenbogenbrücke ging. Außerdem Speedy, ein inzwischen 20-jähriger Quartermix, der bis heute treu an meiner Seite steht und ein richtiges Herzenspferd ist.

Interessant war, dass Speedy gerade während meiner Ausbildung zur Raidho-Trainerin ganz stark unter Husten litt. Vom Schulmediziner bis zum Geistheiler habe ich alles ausprobiert, es wurde mal besser, dann wieder einmal schlechter, aber er wurde nie richtig gesund. Dennoch, wenn ich nun an die Zeit zurückdenke, bin ich froh, dass das alles passiert ist, und sehe es als Prüfung auf meinem Weg zu meiner jetzigen Bestimmung. Ich sollte lernen, dass nicht alles perfekt sein muss und, wenn man das akzeptiert, es wieder perfekt werden kann. Dass es wichtig ist, auf das Gefühl zu hören, nicht auf andere Meinungen. Ich war mir immer sicher, dass es möglich ist, dass Speedy wieder ganz gesund wird, trotz der Diagnose COPD (chronic obstructive pulmonary disease – chronisch obstruktive Lungenerkrankung). Durch seine Krankheit lernte ich vor allem, dass, wenn man seinen Fokus klar setzt, es funktioniert, auch wenn alles andere dagegenspricht. Dass Hilfe kommt, wenn man im richtigen Moment das Richtige tut, und sich danach die Dinge oft besser entwickeln, als man sich das je vorstellen konnte. Mir war schon lange bewusst, dass Speedy in dem Stall, in dem er damals noch war, nicht mehr gesund würde. Ich hatte damals aber auch noch Charly, und dem ging es sehr gut dort. Daran sieht man, dass jedes Pferd ein eigenes Individuum ist, das seine eigenen Ansprüche hat.

Durch die Reflexion auf das Pferd müssen wir agieren und unsere Präsenz klar darstellen und erweitern. *Foto: Florian Ehlers*

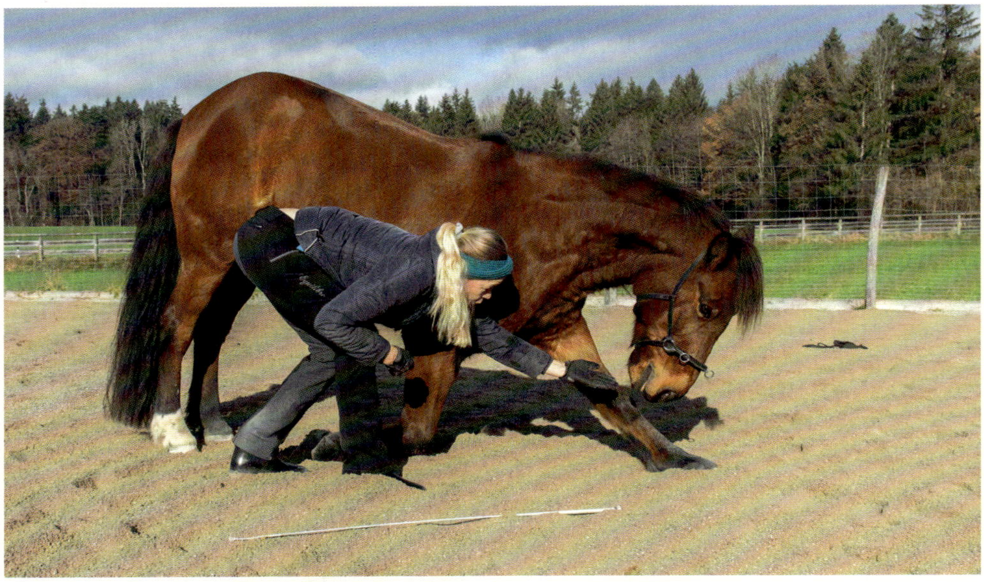

Oft dauert es jahrelang, bis Pferd und Mensch dieselbe Sprache sprechen. Übungen fallen leichter, wenn der Mensch sich durch seine Präsenz das Vertrauen des Pferdes erarbeitet hat. *Foto: Florian Ehlers*

Energy flows where attention goes

Durch eine gute Freundin erhielt ich den Tipp, dass es im Nachbarort jemanden gibt, der mir vielleicht helfen könnte. Sie erzählte mir von einem Stallbesitzer, der dort selbst Ponys hält und pflegt, die sonst nicht mehr leben würden. Er würde den größeren Aufwand, den die Haltung dieser Tiere bedeuten würde, nicht scheuen. Ich wünschte mir nichts mehr, als dass dieser offensichtlich warmherzige Stallbesitzer Speedy in seine Obhut nehmen würde. Nach dem ersten Gespräch mit ihm erbat er sich zwei Wochen Bedenkzeit. In dieser Zeit wollte mir mein Verstand immer erklären, ich müsste mir noch einen Plan B erarbeiten, falls das nichts würde. Entgegen meiner sonst üblichen Art, mit solchen Dingen umzugehen, tat ich dies aber nicht, sondern verwendete meine ganze Energie darauf, es mir zu wünschen und dafür zu beten. Nach zwei Wochen rief ich aufgeregt an und wir einigten uns darauf, dass Speedy kommen dürfte, wenn ich im Stall mithelfen würde. Ich war überglücklich, mein Herz hüpfte.

Doch danach ging es munter weiter, wie Zahnräder griffen die Ereignisse ineinander: Ich stellte fest, dass in diesem Stall ganzheitliches Denken, Energiearbeit oder auch Homöopathie keine Fremdwörter waren. Dass es hier einen tollen Reitplatz gab, der bis dato nicht genutzt wurde und der in der Zwischenzeit der ideale Raum für unsere Seminare geworden ist. Durch das Freisetzen der universellen Energie passierten Dinge, die vorher mühsam erschienen. Wie durch Zauberhand wurde binnen zweier Wochen ein Platz für Senior Charly frei, der dann sein letzter sein sollte. Inzwischen ist Speedy komplett gesund und braucht auch keine spezielle Pflege mehr. Er verträgt wieder normales Heu.

Ohne meine vorherige Ausbildung zur Raidho-Trainerin und die damit verbundene Entwicklung hätte ich die Dinge nicht so erkannt. Ich war meiner inneren Überzeugung gefolgt und war präsent in jeder Entscheidung, die ich traf. So konnte Energie fließen. Dieser Stallwechsel war für Speedy der richtige Weg und nach einer schnellen Heilung ist er heute ein sehr munteres Pferd. Nun haben wir so viel mehr Energie zur Verfügung, dass wir beide unfassbar viel Freude miteinander haben.

Das Pferd fühlt sich in der Gegenwart des präsenten Menschen sicher. *Foto: Florian Ehlers*

Beschränkungen des Verstandes

Ich wurde schon als Kind immer als Träumerle bezeichnet. Ich verschwand häufig in meine Welt, in der ich mich immer wohlfühlte. Heute weiß ich, dass diese Welt mein Innerstes ist, meine Seele, mein wahres Ich. Wenn ich darauf höre, bin ich authentisch, bin ich ich selbst. Inzwischen, mit über 50, erlaube ich mir auch immer wieder, meine Träume zu benennen und darüber zu sprechen. Dabei ernte ich oft Spott und Hohn. Wie soll das gehen? Von welchem Geld? Bist du nicht schon zu alt dafür? Mein eigener Verstand ist natürlich auch oft mit von der Partie. Aber ich kann ihn immer besser auf seinen Platz verweisen. Und genau dadurch wird mir immer mehr bewusst, wie sehr uns unser Verstand im Griff haben kann und uns daran hindert, unser wahres Potenzial zu entfalten. Ich mache inzwischen Dinge mit meinem Pferd, von denen ich früher nur zu träumen gewagt habe, und es funktioniert. Und das, obwohl ich neben der geliebten Arbeit und als Mutter von zwei Kindern gar keine Zeit haben dürfte. Ich vertraue meinem Pferd zu 100 Prozent und wenn das Pferd das spürt, fühlt es sich sicher. Das war und ist immer noch mit viel Arbeit an mir selbst verbunden. Der Weg ist noch lange nicht zu Ende, es ist und bleibt ein lebenslanger Prozess. Aber ein wunderschöner!

Der Schlüssel: in die eigene Macht und Kraft kommen

Kurz nach meinem Stallwechsel ist noch etwas Spannendes passiert. Es ging eine neue Tür in meinem Leben auf. Meine Freundin Dorothee sprang mit auf meine Welle. Sie arbeitet seit Längerem erfolgreich im Jobcoaching und ich hatte ihr von dem Thema Coaching mit Pferden erzählt. Ich hatte sie schnell von den tollen Möglichkeiten durch die Interaktion mit Pferden faszinieren können, hatte aber dann durch die Situation mit Speedy vergessen, noch mal konkreter bei ihr nachzufragen, ob sie Interesse hätte, gemeinsam mit mir etwas aufzuziehen. Nun rief sie an und fragte, ob und wann wir denn nicht mal starten wollen!

Und nun machen wir dieses Projekt schon zwei Jahre. Unser Ansatz liegt im Kleinen: Wir möchten die Menschen in ihrer jetzigen Situation abholen und ihnen zeigen, wie sie durch mehr Präsenz in ihre eigene Macht und Kraft kommen. Das muss nicht unbedingt bedeuten, ein komplett neues Leben zu beginnen. Oft sind wir schon nah dran an unserem Glück und können es nur nicht sehen. Es kann aber auch eine starke Veränderung der äußeren Umstände bedeuten. Sicher ist: Es verändert sich etwas, wenn du dein Pferd anschaust, denn es spiegelt deine Seele.

Andrea Ehlers leitet zusammen mit ihrer Schwester zwei Familienbetriebe, das naturwissen Ausbildungszentrum sowie den Ehlers Verlag in Wolfratshausen. Pferde gehören seit dem sechsten Lebensjahr zu ihrem Leben. Seit Oktober 2016 ist sie zertifizierte Raidho-Trainerin sowie in Ausbildung zum Raidho-Reitlehrer. Weitere Ausbildungen zu Pferdetraining und Pferdegesundheit absolviert sie bei Sandra Fencl.
www.natur-wissen.com

Das Video zum Artikel finden Sie unter:
https://youtu.be/JGa6m2GibpY

Heldenreise mit Pferden

Ein Weg der tiefen Verbindung

von Ulrike Dietmann

Foto: Paul Willis

Für Pferde als Herdentiere ist die Beziehung ihr Ort der Sicherheit und des Vertrauens. Aber wie ist es möglich, dass zwei so verschiedene Spezies wie Mensch und Pferd eine tiefe Verbindung eingehen können? In der Heldenreise mit Pferden werfen wir ein Licht auf den Charakter dieser Beziehung und die Bedingungen, die es braucht, damit Mensch und Pferd in Freiheit und ohne Druck und Zwang zusammenkommen können.

Dies ist eine Einladung, jetzt und hier auf eine Heldenreise zu gehen. Lieber Pferdefreund, es erwartet dich eine Reise in fünf Schritten, auf der du deiner Leidenschaft begegnest und auch deinen Blockaden und auf der du dich und dein Pferd ganz neu entdecken kannst.

Die „Heldenreise mit Pferden" basiert auf der Heldenreise von Joseph Campbell. Die Hero's Journey wird eingesetzt in der Therapie, in der Persönlichkeitsentwicklung und im Storytelling. Sie basiert auf der Frage: Was haben alle Religionen, Mythen und Geschichten, die Menschen sich erzählen, gemeinsam? Die Antwort ist: Die Menschen erfahren dabei, wie sie über sich selbst hinauswachsen können. Aber was hat das mit Pferden zu tun?

Die fünf Schritte der Hero's Journey

Pferde nehmen uns unaufhörlich mit auf eine Heldenreise, auf der wir über uns hinauswachsen. Dabei finden wir tiefe Verbindung. Wir Menschen sind davon immer wieder abgetrennt. Die Pferde holen uns zurück in das, was ihre und letztlich unsere Natur ist.

Jenseits von Reitweisen und Trainingstechniken können sich Menschen und Pferde begegnen. Dann wird alles leichter, das Reiten, das Ausbilden und wir finden Antworten auf viele Fragen zur Haltung und zu Krankheiten. Denn für die Pferde sind Probleme in erster Linie Beziehungsprobleme. Deine Reise beginnt jetzt. Hole dir etwas zu schreiben, damit du deine ganz eigenen Antworten finden kannst.

Schritt 1: Wer bist du?

Bei dieser Frage geht es um dein Wesen, deinen Kern. Es geht nicht darum, was du besitzt, was du Tolles kannst oder wie gut du aussiehst. Ein Pferd nimmt jenseits von alldem dein Wesen wahr. Und es möchte wahrgenommen werden in seinem Wesen. Diese Frage katapultiert dich sofort aus jeder Technik, Methode oder Manipulation hinaus.

Mache diese ganz einfache Übung. Gehe zu deinem Pferd und richte deinen Fokus auf dich selbst. Frage dich: Wie fühle ich mich jetzt im Augenblick? Und warte ab, was passiert. Tue nichts. Nimm einfach nur wahr. Vielleicht schaut dein Pferd dich plötzlich an. Vielleicht kommt es zu dir. Vielleicht kaut es ab. Etwas wird passieren. Es wird leise und fein sein.

Alles beginnt mit der Selbstwahrnehmung. Warum? Selbstwahrnehmung ist Selbstschutz. Nur wenn ich mich selbst wahrnehme, kann ich mich schützen. Wenn ich mich nicht selbst wahrnehme, wie die meisten Menschen, bin ich ungeschützt. Ein Pferd bemerkt das sofort. Und es verliert sofort das Vertrauen in dich. Einem Wesen, das sich nicht selbst schützt, kann es sich nicht vertrauensvoll anschließen.

In unserer traditionellen Pferdewelt heißt es: Du musst dich durchsetzen gegenüber dem Pferd. Du musst das Pferd dominieren. Viel wirksamer als das Durchsetzen ist das Sich-selbst-Wahrnehmen. Dann braucht es keinen Zwang, keinen Druck. Wahrnehmung genügt.

Wie können wir Pferde wahrnehmen, wenn wir uns selbst nicht kennen?
Foto: Paul Willis

Die Faszination der Pferde liegt nicht nur in ihrer Schönheit. Wir wollen auch so stark sein wie sie. *Foto: Paul Willis*

Beantworte jetzt bitte diese beiden Fragen:

Was ist deine größte Stärke? Zum Beispiel Wachsamkeit, Einfühlung, Klarheit.

Was ist deine größte Schwäche? Zum Beispiel zu schnell abgelenkt sein, zu wenig Vertrauen in meine Intuition.

(Wichtig: Entscheide dich für eines. Nimm das, was dir als Erstes in den Sinn kommt. Ich mache diese Reise mit dir und schreibe dir meine Antworten auf als Beispiel, damit du besser verstehst, worum es geht.)

Meine größte Stärke ist: mein Vertrauen, dass alles, was passiert, richtig ist.

Meine größte Schwäche ist: meine Angst, dass die Menschen mich nicht verstehen.

Schritt 2: Der Ruf

Was fasziniert dich an den Pferden? Was bringt dich dazu, so viel Zeit und Geld und Energie zu investieren? Wir vergessen das oft im Alltag, wenn wir andauernd etwas organisieren müssen, Probleme lösen, Dinge tun, die nicht so viel Spaß machen, bevor wir in den Sonnenuntergang reiten können. Wenn du dich fragst, was dich fasziniert, kommst du in Kontakt mit deiner Leidenschaft.

Was bewegt dich, mit deinem Pferd zusammen zu sein? Für diese Frage musst du wahrscheinlich ein wenig in dir graben. Wenn du die Antwort findest, merkst du es daran, dass du plötzlich ein Feuer in dir fühlst. Plötzlich wird die Arbeit leicht, weil du wieder weißt, warum du es tust. Der schwelende Streit mit den Stallkollegen, dem du schon ewig ausweichst – plötzlich merkst du, wie viel Energie dir das raubt. Wie sehr du die Lust an deinem Pferd verloren hast deswegen, wie auch dein Pferd immer lustloser geworden ist. Plötzlich liegen dir die richtigen Worte auf den Lippen. Du hast den Mut, den Konflikt anzusprechen. Eine neue Lösung kommt und egal, wie sie aussieht, deine Energie ist wieder da – und mit deinem Pferd klappt plötzlich auch alles wieder viel besser.

Frage: Was ist dein Ruf – jetzt in diesem Augenblick? Was ist deine Leidenschaft?

Antwort: Mein Ruf ist: Ich möchte, dass immer mehr Menschen erfahren, dass man mit Pferden sanft umgehen kann. Dafür brenne ich.

Schritt 3: Die Blockade

Wenn du deine Leidenschaft ganz neu spürst, dann tritt ein merkwürdiges Phänomen auf: Du bekommst kalte Füße. Du hast Gedanken wie: Was habe ich da Verrücktes angestellt? Ein Beispiel: Du hattest viel Mut und hast ein neues Pferd in dein Leben geholt. Hast dich total verliebt in das Pferd. Jetzt ist es da und plötzlich entdeckst du, dass es Schwächen hat, dass das, was du dir erträumt hast, so nicht geht. Jetzt machst du dir Vorwürfe: Wie konnte ich so blind sein? So naiv? Hätte ich nur auf die Warnungen der anderen gehört. Viele Menschen geben hier auf. Auf deiner Heldenreise lernst du, dass diese Angst eine Einladung ist, über dich hinauszuwachsen. Kehre jetzt nicht um. Gib jetzt nicht auf. Du brauchst nur etwas Zeit, um all das Neue zu verarbeiten, das durch deinen Mut in dein Leben kam. Du wirst weiter wachsen und noch viel mehr Dinge werden möglich sein.

Ganz konkret geht es jetzt darum, das, was dich blockiert, beim Namen zu nennen, damit du dich davon verabschieden kannst. Schau dir deine Angst an und schreibe sie auf. Wie findest du heraus, was deine Angst ist? Beobachte deine Gedanken und deine Gefühle. Beobachte dein Verhalten und schaue auf die Reaktionen deines Pferdes. Wo blockiert dein Pferd? Wo macht es nicht mit? Wo geht es in Widerstand? Und was denkst und fühlst und tust du dann? Da entdeckst du deine Blockade.

Zum Beispiel: Du kannst dein Pferd nicht vom Hof reiten. An einer bestimmten Stelle bleibt es stehen und will zurück. Jetzt denkst du vielleicht: Ich habe alles probiert, jeden Rat befolgt – ich bin einfach unfähig, ein totales Antitalent mit Pferden.

Wenn du, wie ich, viele Pferdeprofis persönlich kennenlernen würdest, würdest du erstaunt sein, dass sie alle immer wieder diesen Gedanken haben. Genau diese Angst lässt sie wachsen und neue Lösungen finden.

Du entdeckst, dass da eine Quelle von Kraft in dir ist, die von selbst sprudelt. Was für eine fantastische Entdeckung!

Als Pferdemenschen kennen wir sie eigentlich ganz gut: Denn was bringt uns zu den Pferden, was lässt uns unzählige Stunden misten, Zäune flicken, Geld auftreiben? Sicher nicht die Vernunft. Eine innere Leidenschaft treibt uns an.

Aber wir verlieren diesen inneren Antrieb immer wieder, besonders wenn die Probleme mit den Pferden immer größer werden. Dann brauchen wir Extraenergie. Nur, woher nehmen? Wir müssen über uns hinauswachsen. Das ist das Überraschende, das viele nicht wissen: Die neue Kraft kommt, wenn wir uns unserer Angst stellen. Wenn wir das Unangenehme nicht ausblenden, sondern es wahrnehmen und akzeptieren.

Probiere das hier aus: Wenn du mit deinem Pferd in einem Problem feststeckst, wenn deine Angst übermächtig wird, sage deinem Pferd: „Ich habe Angst, ... dass du in den Graben springst, wenn der Traktor näher kommt, ich habe total Schiss." Dann tue, was deine Intuition dir sagt: Kehre um, steig ab oder reite weiter. Pferde entspannen sich, wenn der Mensch zu seinen Gefühlen steht, anstatt sie zu verdrängen.

Was ist deine aktuelle Blockade? Meine aktuelle Blockade ist, dass ich glaube, ich müsste bei allen Pferden, denen ich begegne, superschnelle, perfekte Lösungen für ihre Besitzer finden. Ich darf lernen, dass die Lösung nicht aus meinem Streben nach Perfektion kommt, sondern dass sie mir meist geschenkt wird.

Schritt 4: Das Ziel

Auf deiner Heldenreise erlebst du eine Veränderung in deinem Handeln, darin, wie du deine Ziele erreichst. Du erlebst, dass das erfolgreiche Handeln nicht aus der Anstrengung kommt, sondern aus der Inspiration.

Gehen wir noch einmal die bisherigen Schritte durch: Du hast gelernt, dich selbst wahrzunehmen, du fühlst deine Leidenschaft, du fühlst deine Blockade. Du fühlst, wie dein Pferd auf all das reagiert. Wenn du bei alldem ehrlich zu dir selbst bist, wirst du bald eine Energie fühlen, die nicht aus deinem Willen kommt, sondern die dir geschenkt wird.

Menschen geben gerne auf, wenn das, was sie erwarten, nicht eintritt. Pferde können dabei zum Prüfstein werden. *Foto: Paul Willis*

Inmitten einer Gruppe oder einer Herde bemerkt man, dass man Teil einer größeren übergeordneten Kraft ist. *Foto: Paul Willis*

Mein Beispiel: Ich wollte Distanzreiten und habe mir deshalb ein arabisches Pferd gekauft. Plötzlich hatte ich keine Energie mehr für das Training, mein Pferd verlor die Lust am ewigen Traben. Stattdessen las ich wie besessen „Das Tao des Equus" von Linda Kohanov. Darin ging es um das Pferd als Spiegel unserer unbewussten Gefühlsmuster. Bei meinen Ausritten blieb mein Pferd immer wieder plötzlich stehen. Ich trieb es vorwärts – vergeblich. Schließlich nahm ich es einfach hin. Wir standen in der Landschaft und genossen zusammen den Augenblick. Anstatt Distanzerfolge zu feiern, fand ich eine tiefe Verbindung zu meinem Pferd. Ich lernte es jetzt erst richtig kennen. Nach und nach fand ich ein neues Ziel: Ich wollte erfahren, wer mein Pferd wirklich ist und wie wir Menschen einen gewaltfreien Umgang mit Pferden lernen können.

Was ist dein Ziel, das dir Energie gibt, ohne dass du dich anstrengen musst?

Schritt 5: Die Verbindung

Unsere Heldenreise mit Pferden geht weiter. Nachdem du eine neue Energie in dein Leben geholt hast, begegnest du einem weiteren Phänomen: Du entdeckst, dass du Teil eines größeren Ganzen bist. Du bist kein abgetrenntes Individuum mehr, das alles allein schaffen muss. Wie ein Pferd bist du Teil einer Herde. Du bist kein Mensch mehr, der tausend Tricks und Methoden braucht, um mit seinem Pferd klarzukommen. Du entdeckst, dass dein Pferd sehr gerne mit dir zusammen ist und gerne mit dir zusammenarbeitet – unter der Bedingung, dass du es nicht zwingst. Unter der Bedingung, dass es mitbestimmen und Spaß haben darf.

Aber was ist Spaß für Pferde? Pferde sind Herdentiere, sie fühlen sich am wohlsten in der Herde. Dort ist immer Verbindung. Da geht es darum, wie man die Bedürfnisse aller unter einen Hut bringt. Die Frage ist: Was will ich und was will der andere? Und wie kommen wir zusammen?

Du erinnerst dich, dass ich dich am Anfang gefragt habe, wer du bist und wie du dich fühlst. Das fragt ein Pferd andauernd. Vielleicht bist du gerade müde und willst am liebsten nur gemütlich im Schritt ausreiten. Vielleicht hast du eine verrückte Laune und willst mit deinem Pferd auf dem Reitplatz herumtollen. Und was will dein Pferd? Ist es müde oder ist es aufgeladen mit Energie, weil es sich zu wenig bewegen konnte? Ist es traurig, weil es einen Kumpel verloren hat, und braucht jemanden, der mitfühlt?

Wenn eure beiden Bedürfnisse zusammenkommen, entsteht eine Verbindung. In der Verbindung fühlt sich das Pferd wohl, so wohl wie in der Herde. Wenn du diese Verbindung findest, wirst auch du ein großes Gefühl von Nach-Hause-Kommen empfinden. So beschreiben es die meisten Menschen. Da ist dann plötzlich eine große Nähe. Sie macht uns staunen, weil wir erleben, dass zwei so verschiedene Spezies wie Mensch und Pferd sich treffen in einem Raum der Liebe.

Diese Verbindung kannst du nicht finden durch Anstrengung oder durch irgendeine Technik. Sie wird dir geschenkt. Deshalb berührt sie uns so sehr. Wir spüren plötzlich, dass das Pferd uns liebt, dass es von sich aus auf uns zukommt, dass es uns glücklich machen möchte. Das sind eher leise Momente. Da gibt es nicht viel Spektakuläres. Da entsteht eine stille Verbundenheit. Menschen, die gelernt haben, sie wahrzunehmen, erkennen sie. Andere sagen dann vielleicht: „Das ist ja gar nichts, du musst mehr machen mit deinem Pferd, gymnastizieren, endlich mal reiten." Aber du folgst deiner Intuition. Du fühlst, was gut ist für dich und was gut ist für dein Pferd. Dann findet dein Pferd Vertrauen zu dir. Du wirst zu einem Menschen, der in sich ruht, der Verantwortung für sich und andere übernehmen kann, der seinen Weg kennt, der mehr auf sich selbst hört als auf andere. Die Belohnung ist, dass dein Pferd dir immer mehr sein wahres Wesen zeigt – und du eine Tiefe entdeckst, die du gar nicht kanntest.

Spätestens ab diesem Zeitpunkt wird es für dich unmöglich, dein Pferd zu etwas zu zwingen, was ihm widerstrebt. Du entdeckst dann nämlich, dass das Pferd auf Feinheit viel mehr reagiert als auf Grobheit. Du entdeckst, wie einfühlsam und wie sensibel Pferde wirklich sind. Und jetzt die Frage: Wie findest du die Verbindung zu deinem Pferd? Beschreibe sie in ein paar Worten.

Danke

Meine Verbindung zu Pferden: Am Anfang war es die Verbindung zu einem Pferd, heute ist es die Verbindung zu allen Pferden, denen ich begegne. Die Liebe zu meiner ersten Stute ist aber immer noch die größte und unersetzlich, obwohl sie nicht mehr auf der Erde ist.

Danke, dass du, lieber Pferdefreund, mir auf der Heldinnen- und Heldenreise im Pferdespirit gefolgt bist. Auf dem „Horse & Spirit Festival", das ich jährlich veranstalte, können viele Menschen die tiefe Verbindung zu Pferden erleben. Solange die Corona-Kontaktregelungen gelten, zelebrieren wir diese Verbindung online. Mittlerweile sind wir eine Bewegung geworden. Wir nennen sie „die sanfte Revolution für die bedingungslose Liebe der Pferde". Wir wollen die Pferdewelt verändern. Wir sind schon viele und wir werden mehr. Bleib mutig auf deinem Weg und sei dir sicher, dass dein Pferd dich voller Freude begleiten wird.

Ulrike Dietmann unterrichtet europaweit in Workshops, Coachings und einer Trainerausbildung die „Hero's Journey mit Pferden®", einen Bewusstseinsweg mit Pferden. Seit zehn Jahren unterrichtet sie das von ihr entwickelte Konzept und hat über 50 Hero's-Journey-InstruktorInnen ausgebildet. Sie ist Autorin zahlreicher Pferdebücher und veranstaltet seit acht Jahren das „Horse & Spirit Festival – Neue Wege für Pferd und Mensch". In ihrem wöchentlichen Newsletter kann man jede Woche kostenlos eine neue Videolektion sehen und dabei Interessantes über die wahre Verbindung zu Pferden erfahren. Sie ist Autorin des Buches „Das gebrochene Herz – Mein Weg der Selbstheilung".
www.spirithorse.info

Medical Training:
Wenn der Tierarzt kommt

– gut vorbereitet in die Allgemeine Untersuchung

Text von Nina Steigerwald
Fotos von Maike Klein

Die Allgemeine Untersuchung (AU) ist immer Voraussetzung für alle weiteren medizinischen Untersuchungen und Behandlungen und gehört darum zur Routine eines jeden Tierarztbesuchs. Sie ist schlichtweg die Basis. Ohne Kooperation Ihres Pferdes hierbei ist keine genaue Diagnose und somit keine Behandlung möglich, was dramatische Auswirkungen haben kann. Eine gesamte AU dauert fünf bis acht Minuten und liefert Ihrem Tierarzt wichtige Vergleichswerte, die der Einschätzung des gesundheitlichen Zustandes Ihres Pferdes dienen.

„Die Allgemeine Untersuchung ist nicht nur eine nette Nettigkeit, sondern eine wichtige Wichtigkeit." Mit dieser Aussage stimmt die Pferdetierärztin Samantha Krost-Reuhl Interessierte auf das Thema Medical Training ein. Hat man sonst bei dem Thema Wurmkur oder Impfung steigende Pferde im Kopf, beginnt es im Medical Training schon sehr viel eher mit der benötigten Kooperation Ihres Pferdes.

Was gehört alles dazu, wie wird es an den tiermedizinischen Fakultäten gelehrt? Zuerst geht es um Sichtbefunde. Die Körperhaltung, das Verhalten, Ernährungs-, Pflege- und Entwicklungszustand werden in Augenschein genommen. Die Atemfrequenz lässt sich ebenso ohne Anfassen ablesen. Um zu überprüfen, ob die Atemfrequenz in einem physiologischen Bereich von acht bis zwölf Zügen in der Minute liegt, schaut der Tierarzt auf Nüstern oder Bauch.

Doch dann gilt: Hands on! Die Pulsfrequenz wird an den Unterkieferästen an der *Arteria facialis* gemessen. Einen Griff ins Gesicht mögen viele Pferd gar nicht und erst recht nicht, wenn sie dabei zusätzlich 15 Sekunden stillhalten müssen. Noch weniger beliebt ist das Messen der Körperinnentemperatur mit dem Fieberthermometer. Hierbei kann es sein, dass es nicht nur lästig ist, wenn Ihr Pferd nicht stillsteht, nein, es kann richtig gefährlich für den Tierarzt werden. Wie aber will man sonst spontan abklären können, ob ein infektiöses Geschehen vorliegt oder nicht? Wie soll entschieden werden, welche Medikamente indiziert sind?

Hand anlegen

Die zusätzliche AU gestaltet sich ungleich einfacher und diagnostisch eindeutiger, wenn die Handgriffe und Aktivitäten des Untersuchers an einem völlig entspannt stehenden Pferd vorgenommen werden können. Die Schleimhäute am Maul werden begutachtet, hierfür müssen die Lippen weggeklappt werden. Darüber hinaus wird beim Prüfen der kapillaren Rückfüllzeit (KRZ) ein kurzer Druck mit dem Daumen auf das Zahnfleisch ausgeübt, die Stelle sieht danach weiß-blass aus. Wird sie erst nach über drei Sekunden wieder rosa, weiß man, dass mit dem Kreislauf etwas nicht in Ordnung ist. Diese wertvolle Information für die Diagnostik und die Entscheidung über die weitere Behandlung ist umso eindeutiger, je kooperativer Ihr Pferd hierbei ist. Ein kurzes Ziehen am Nüsternrand mit Begutachtung des Innenraumes sollte gerade beim Verdacht auf Atemwegsprobleme möglich sein, weil hierbei das Vorhandensein einer Sekretrinne abgeklärt werden kann.

Klappt das Ziehen des Nüsternrandes selbst bei einem völlig frei stehenden Pferd, sind Sie gut vorbereitet.

Kooperativ durch Training.

Reichlich unbeliebt ist bei vielen Equiden auch die Überprüfung der Episkleralgefäße. Um die Lederhaut am Auge beurteilen zu können, werden die Augenlider mit Daumen und Zeigefinger verschoben und umgeklappt. Mal ehrlich: Wer lässt so etwas schon gerne und freiwillig mit sich machen? Eine Hautfalte am Hals zu ziehen, ist dabei schon harmloser. Hierbei geht es um den Hydrationszustand Ihres Pferdes. Das Abtasten der Lymphknoten an den Ganaschen ist nicht besonders unangenehm und gerade bei Verdacht auf Infektionen ein weiterer wichtiger Parameter. Nicht invasiv, aber oft dennoch unbeliebt ist das Abhören mit dem Stethoskop. Wer schon einmal sein Pferd interessehalber mit einem solchen Instrument untersucht hat, weiß, dass jede Bewegung mit unangenehmen Störgeräuschen verbunden ist. Bei Atemwegsproblemen oder Koliken muss aber alles abgehört werden können.

Schauen wir uns einmal die Abläufe in ihrer standardisierten Reihenfolge an.

1. Halftergriff, gegebenenfalls Hals abstreichen
2. ins Gesicht fassen
3. Oberlippe hochklappen
4. Druck auf Zahnfleisch
5. Nüsternrand ziehen
6. Augenlider auseinanderdrücken
7. Lymphknoten abtasten
8. Hautfalte am Hals ziehen
9. auf Schulterhöhe gehen
10. Stethoskop aufsetzen
11. Gurtlage
12. Rippen mittig
13. Ende Rippenbogen und
14. hinten oben
15. Kuhle vor Hüfthöcker
16. Bauch
17. Temperatur messen
18. andere Seite Bauch und Lunge
19. Luftröhre
20. Kehlkopf

Als optimales Trainingsziel sollte Ihr Pferd von Punkt 1 bis 20 komplett stillhalten. Komplett heißt hier wirklich ohne eine einzige Bewegung von Beinen oder Hals und Kopf. Nun ist leider der Erstkontakt schon alles andere als geeignet, ein Pferd in eine entspannte Verfassung zu bringen. Wer bringt schon einem Fremden Vertrauen entgegen, der seitlich ins Halfter packt, einem beherzt ins Gesicht fasst, an Lippen und Maul manipuliert, um danach die Augenlider auseinanderzudrücken?

Ein solches Verhalten verheißt nichts Gutes für die folgende Untersuchung.

Hier kann nämlich schon häufig deutliches Abwehrverhalten beobachtet werden.

Den Kopf hoch und zur Seite zu nehmen bedeutet, dass diese Vorgehensweise Ihrem Pferd unangenehm ist, es möchte sich den befundenden Handgriffen aus verständlichen Gründen entziehen. Aus ebenso verständlichen Gründen macht aber der Tierarzt weiter. So kommt man mit Pech in eine echte Abwärtsspirale: Das Pferd lernt, dass Wegziehen Erleichterung bringt. Dies gilt zwar nur für einen kurzen Moment, verschafft dennoch eine kleine Pause vom „Begrabbelt-Werden“. Wie geht es im ungünstigen Fall weiter? Jede Intervention des Tierarztes wird mit immer mehr Bewegung quittiert, was zu immer mehr Festhalten und Frust auf allen Seiten führt.

Abhören an sich ist weder invasiv noch schmerzhaft, kann aber ebenso mit Stress verknüpft sein. Vor allem, wenn das Pferd aus Erfahrung weiß, was danach kommt: Temperatur messen. Die Equiden, die nach dem Tierarzt treten, wenn er sich mit dem Thermometer nähert, bleiben selten beim Abhören stehen. Spätestens bei einem Pferd, das drohend das Bein anhebt, wenn seine Schweifrübe angehoben wird, hört der Spaß auf. Es geht um die Gesundheit des Behandlers.

Der richtige Zeitpunkt

Im Zoo- und Wildtierbereich ist Medical Training schon seit Jahrzehnten etabliert. Einem Elefanten zieht man keine Nasenbremse auf und es wird auch kein Delfin in einen Zwangsstand verfrachtet, um eine Untersuchung zu tätigen. Hier wird kleinschrittig und gezielt vorgegangen, um das Tier zu einer vertrauensvollen Kooperation zu bringen. Zum Glück findet diese Art der Kommunikation immer mehr Anhänger und verbreitet sich dank seiner beeindruckenden Erfolge auch im Pferdebereich. Die Logik dahinter ist einfach und einleuchtend: Tiere tun, was sich für sie lohnt. Wenn es sich lohnt, bei einer Manipulation stillzuhalten, wird dieses Verhalten wieder gezeigt werden. Genau daran erkennen Sie, ob die Konsequenz des Stillhaltens für Ihr Pferd wirklich lohnenswert ist. Würden Sie ein paar warme Worte und einen lauen Händedruck als angemessene Belohnung für etwas sehr Schmerzhaftes empfinden? Nein, da muss meist schon etwas mehr geboten werden.

In der menschlichen Wunschvorstellung sähe es mit diesem Wissen so aus: Das Pferd steht brav, bekommt eine Spritze in den Hals und wird dafür mit Klick und einer großen Portion Futter belohnt. Nun funktioniert Lernen aber anders. Die Belohnungen müssen unmittelbar auf ein richtiges Verhalten angeliefert werden, damit sie damit verknüpft werden. Bei einem Pferd mit Problemen läuft es in der Realität meist anders als geplant und schon beim Desinfizieren der Einstichstelle fängt das Pferd an zu schnappen. Im Training müssen Sie deswegen mit kleinen Schritten das Konzept von „lohnenswert" etablieren. Der Keks, den es manchmal als Entschädigung nach einer Spritze gibt, obwohl nicht stillgehalten wurde, ist kontraproduktiv!

Natürlich erfordert der Einsatz von Futterlob gewisse Grundlagen. Für Ihr Pferd sind dies Höflichkeit, Höflichkeit und Höflichkeit. Dies bedeutet, dass das Pferdemaul immer gesittet Abstand von Mensch und Futtertasche hält. Für den Menschen ist es ein Ablauf von Beobachten-Entscheiden-Handeln. Jeder einzelne Bestandteil kann und sollte gegebenenfalls separat geübt werden. Sie sollten wahrnehmen können, was Ihr Pferd mit seinem ganzen Körper tut. Stehen alle vier Hufe fest auf dem Boden, neigt es sich weg, ist der Kopf ruhig, wie ist die Mimik? Dann sollten Sie aufgrund dieser Beobachtung blitzschnell entscheiden können, ob das Gesehene etwas ist, was Sie haben wollen oder nicht. Als Nächstes kommt die Handlungsebene: klicken und schnell das Futter an die Pferdelippen anreichen.

So soll es aussehen: sich entspannt neben einer vollen Futtertasche die Schleimhäute befunden lassen.

Nehmen Sie als Verstärker Futter, welches Ihr Pferd gerne mag, was nicht zu groß und gesundheitlich unbedenklich ist. Normale Leckerli erfüllen diese Maßstäbe leider nicht alle. Trocken verfütterbare Heucobs, die überhaupt nicht quellen, können ein guter Einstieg sein. Je leichter Sie selbst an das Futter herankommen, desto schneller können Sie füttern. Eine Jackentasche ist denkbar ungeeignet, wenn Sie gezielt mit Futter arbeiten möchten. Eine geräumige Bauchtasche gehört neben dem Klicker zur Grundausstattung. Den teilweise belächelten „Knackfrosch" brauchen Sie als sogenannten sekundären Verstärker. Er teilt Ihrem Pferd mit, dass es die Aufgabe richtig bewältigt hat und umgehend Futter angereicht bekommt. Füttern Sie Ihr Pferd ohne einen Ankündiger, wird es bei jeder Handbewegung auf Futter hoffen und Ihre Hand dahingehend kontrollieren wollen.

Strukturen schaffen Sicherheit

Ruhiges Stehen ist generell ein guter Einstieg in jede Trainingsarbeit. Außerdem ist dieses Verhalten das, was ausschließlich bei der Allgemeinen Untersuchung gefragt ist. Idealerweise gehen Sie zuallererst an einen Anbinder. Hier können Sie am fehlerärmsten das höfliche Stillstehen trainieren.

Sie platzieren sich außerhalb der Reichweite der Pferdenase und beobachten Ihr Pferd gut. Die zum Pferd gewandte Hand hat eine kleine Portion Futter gegriffen und ruht in der Futtertasche. Der Daumen der anderen Hand ruht auf der Auslöselasche des Klickers. Viele Pferde wollen erst einmal hin zu Mensch und Tasche, werden aber vom Strick daran gehindert. In dem Moment, in dem Ihr Pferd zur Ruhe kommt und keine einzige Bewegung mehr macht, fangen Sie an zu zählen: ein-und-zwan-zig. Dann klicken Sie und bewegen Ihre Hand blitzschnell zum Pferdemaul und reichen das Futter an die Pferdelippen. So lernt Ihr Pferd Sie als zuverlässigen „Lieferservice“ kennen und macht die Erfahrung, dass das Verhalten Stillstehen sich lohnt.

In den folgenden Trainingsschritten nähern Sie sich immer weiter Ihrem Pferd. Ziel ist, dass Sie rechts, links oder frontal vor Ihrem Pferd stehen können und es stillhält. Sollte es sich ungefragt Ihrer Futtertasche nähern, gehen Sie jedes Mal prompt einen Schritt aus seiner Reichweite hinaus. Geschieht pro Trainingsschritt mehr als ein Fehler bei fünf Durchgängen, sollten Sie diesen Schritt zwingend wiederholen. Erst wenn ein „Fünferpäckchen“ in Serie funktioniert, steigern Sie die Ansprüche an Ihr Pferd. Im Medical Training bedeutet dies: Sie steigern die Reizintensität, die Ihr Pferd mit Stillhalten quittieren muss, bis es dafür mit Klick und Futter belohnt wird. Zu Beginn ist alleine die bloße Anwesenheit einer gefüllten Futtertasche ein sehr starker Reiz! Die am Anbinder gelernte Impulskontrolle legt vernünftige Grundlagen für die eigentlichen Manipulationen im Medical Training.

Es macht für das Vorgehen im Training natürlich einen Unterschied, ob Ihr Pferd aufgrund diverser Erfahrungen schon beim Anblick eines Menschen mit Stethoskop um den Hals anfängt zu tänzeln und bei der ersten Berührung zu beißen oder zu steigen droht oder ob es „nur“ unwillig beim Griff ins Maul ist und seinen Kopf hochreißt. Haben Sie ein Pferd mit besonderen Herausforderungen, sollten Sie mit Ihrem Tierarzt besprechen, in welcher Reihenfolge bei der Untersuchung vorgegangen wird, und Ihr Pferd entsprechend vorbereiten.

Belohnung: Futter

Verständlicherweise hat nicht jeder Tierarzt Zeit, Ihr Pferd anfangs ausgiebig an seiner Lieblingsstelle zu kraulen, um eine gute Stimmung herzustellen. Die Schleimhautkontrolle und das Prüfen der kapillaren Rückfüllzeit sind ein denkbar unsympathischer Weg, den Erstkontakt zu einem Equiden zu gestalten. Sie stehen im standardisierten Ablauf jedoch nach dem Griff ans Halfter und eventuellem Halstätscheln ganz zu Beginn der Untersuchung. Hat man als Veterinär hierbei die ersten Minuspunkte gesammelt, weil es entgegen deutlichen Unwillensbekundungen durchgeführt wurde, wird dies den weiteren Ablauf nicht gerade erleichtern. Trainieren Sie mit Ihrem Pferd, dass dieses Vorgehen eine vielleicht lästige, aber durchaus lohnenswerte Prozedur ist. Die großen Trainingsschritte hierfür sind wie folgt:

Ein gelungener Start: Stillhalten beim Halftergriff, leider oft keine Selbstverständlichkeit.

1. Annäherung einer Hand
2. Griff ans Halfter
3. über Nasenrücken streichen
4. Finger der linken Hand auf die Oberlippe/ Nüsternbereich legen
5. Drücken als Widerlager
6. Oberlippe hochklappen
7. einen Moment lang halten
8. Daumen der rechten Hand drückt auf das Zahnfleisch

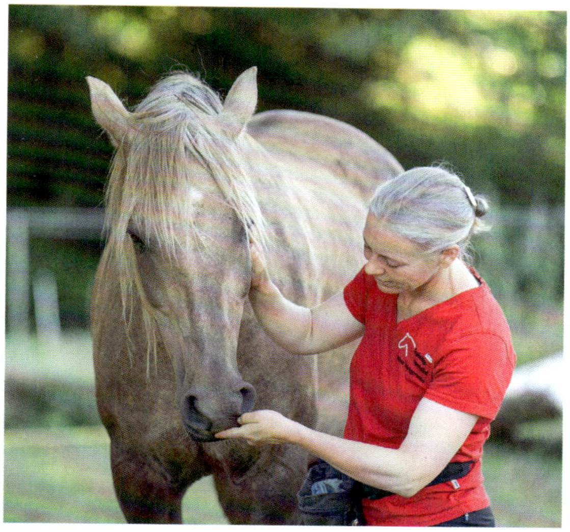

Trainingsschritt Nr. 4.

Beim Aufbau Ihres Trainings sollten Sie sich daran orientieren, dass jeder einzelne Schritt fünfmal hintereinander ohne eine Bewegung seitens Ihres Pferdes durchführbar ist. Im Verlauf des Trainings werden immer alle Schritte nacheinander abgefragt. Klick und Futter gibt es nach erfolgreichem Absolvieren jedes aktuellen Schrittes. Sollte dies nicht der Fall sein, liegt die Kunst in der Wahl eines passenden Zwischenschrittes. Wenn Sie zum Beispiel Ihre Hand annähern und seitlich ins Halfter greifen können, das Streichen über den Nasenrücken jedoch dreimal in Folge mit einer Ausweichbewegung quittiert wurde, können Sie als Zwischenschritt nur ganz kurz die Nase antippen. Hält Ihr Pferd in diesem 5er-Päckchen still – wunderbar. Sie fügen in den Plan einen Punkt 2.1 hinzu. Dieser heißt: annähern, Halfter fassen, Nase antippen, klicken, füttern. Punkt 2.2 könnte sein, einen Hauch länger zu berühren, Punkt 2.3 ein leichter Druck mit den Fingerkuppen. Es gibt immer einen möglichen Zwischenschritt! Erst nach einem erfolgreichen 5er-Päckchen wagen wir uns wieder an den Schritt, bei dem der Fehler aufgetreten ist. Je nach Pferd, seinen individuellen Erfahrungen und Trainergeschick dauert es unterschiedlich lange bis zum Ziel. Jedes Pferd benötigt eine andere Anzahl und Auswahl von Zwischenschritten. So trainieren Sie im Plan immer weiter, bis Punkt 8 zuverlässig sitzt.

Im nächsten Schritt widmen Sie sich dem nächsten potenziellen Problemfeld: Sich der Gefäßkontrolle am Auge entziehen zu wollen, ist eine natürliche Reaktion auf diese unangenehme Berührung. Wenn Sie hier schön kleinschrittig arbeiten, wird Ihr Pferd auch das Auseinanderdrücken seiner Augenlider gelassen mitmachen.

Die Reihenfolge der Trainingsschritte zur Begutachtung der Episkleralgefäße:

1. Hand ans Auge führen
2. berühren:
   a. oberhalb, b. unterhalb, c. beides zusammen
3. halten
4. drücken
5. reiben
6. Gefäße sichtbar drücken

Bei jedem Schritt steigern Sie die Dauer in 5er-Päckchen von einer bis zu fünf Sekunden.

Erst wenn die Berührung außerhalb des Auges toleriert wird, geht es mit dem nächsten Trainingsschritt weiter.

Hier kann es gut sein, dass Sie bei Ihrem Pferd den einen oder anderen Zwischenschritt benötigen, wenn Sie wirklich möchten, dass es komplett immobil bleibt. Wenn Sie Ihr Pferd sorgfältig beobachten, fällt Ihnen auf, wo es höheren Bedarf an Kleinschrittigkeit hat.

Beste Vorbereitung für den Tierarzt.

Schon Punkt eins „Hand ans Auge führen“ erfordert oft eine pferdegerechte Planänderung. Das würde so aussehen: Punkt 0.1: Hand 20 Zentimeter anheben; Punkt 0.2: Hand 30 Zentimeter anheben; Punkt 0.3: Hand anheben und bis 30 Zentimeter vor das Pferdeauge führen; Punkt 0.4: Hand anheben und 15 Zentimeter vor das Auge führen; Punkt 0.5: Hand fünf Zentimeter vor das Auge führen. Anschließend gehen Sie zum eigentlichen Plan mit Punkt 1 über. Ob und wie viele dieser Zwischenschritte nötig sind, kann Ihnen nur Ihr Pferd sagen.

Beim anschließenden Abhören Ihres Pferdes kann es gut sein, dass Ihr Pferd nicht stehen bleibt. Stand im Vorfeld nicht genügend Trainingszeit zur Verfügung, hilft der Einsatz einer Leckschale. Ja, dieser Helfer enthält meist viel Melasse. Ist es mit ihm jedoch möglich, entspannt abzuhören, sollten Sie abwägen, ob Sie Ihrem Tierarzt und Ihrem Pferd nicht den Gefallen tun möchten. Um selbst das Abhören zu trainieren, brauchen Sie auch kein Stethoskop, es reicht völlig, wenn Sie sich einen Führstrick um den Hals legen und mit dem Karabiner den ganzen Pferdekörper und die Luftröhre „abhören“. Damit trainieren Sie die Gruselfaktoren „etwas baumelt um den Hals des Menschen“ und „Berührung eines fremdartigen Gegenstandes“.

Weitaus invasiver ist der nächste Schritt einer AU: das Messen der Temperatur. Sie können das Training wie ein Frage-und-Antwort-Spiel mit Ihrem Pferd gestalten:

„Kannst du stillstehen, wenn ...

1. der Mensch nach hinten geht?“
2. der Mensch deinen Schweif nimmt?“
3. der Mensch deinen Schweif um 90 Grad hebt?“
4. der Mensch deinen Schweif seitlich bis zur Kruppe klappt?“
5. der Mensch deinen Schweif für eine gewisse Dauer hält?“
6. etwas deinen Darmausgang berührt?“
7. drei Millimeter Durchmesser Metall in den After geschoben wird und ...
8. ... diesen 0,5 Zentimeter dehnt?“
9. es ca. zehn Sekunden dauert?“
10. es hinter dir piept?“
11. das Etwas hinausgezogen wird?“
12. dein Schweif losgelassen wird?“

Auch hier stellen Sie Ihre Fragen in 5er-Päckchen und gehen erst zur nächsten über, wenn Ihr Pferd fünfmal hintereinander mit „Ja“ geantwortet hat. Beachten Sie, den gesamten Ablauf ins Training zu übernehmen, das heißt fünfmal Frage 1, fünfmal Frage 1 + 2, fünfmal Frage 1 + 2 + 3, und so weiter. So bekommen Sie schön viel „Verhaltensmasse“ auf Stillstehen. Ihr Tierarzt wird es Ihnen danken.

Damit es wirklich dazu kommt, sollten Sie dem Bereich der Generalisierung ausreichend Trainingszeit widmen. Es ist nämlich für Ihr Pferd ein himmelweiter Unterschied, ob der Hauptbezugsmensch an ihm herummanipuliert oder ein Fremder, mit dem schlimmstenfalls schon schmerzhafte Erfahrungen gemacht wurden. Können Sie selbst alle Schritte der AU an Ihrem Pferd durchführen, dann bitten Sie eine Freundin oder Stallkollegin, dies zu tun. Mit je mehr unterschiedlichen Personen das Medical Training funktioniert, desto höher ist die Wahrscheinlichkeit, dass Ihr Pferd auch beim nächsten Tierarztbesuch vertrauensvoll kooperiert. Sie werden begeistert sein, wie sich die Beziehung zu Ihrem Pferd verändert. Gutes Training verhilft allen Beteiligten bei tiermedizinisch notwendigen Maßnahmen zu mehr Sicherheit und Freude.

Nina Steigerwald ist Pferdephysiotherapeutin und hat sich dem Training mit positiver Verstärkung verschrieben. Sie besucht regelmäßig Fortbildungen bei Viviane Theby und Tiertrainern wie Bob Bailey, Ken Ramirez und ist Mitautorin von Büchern und DVDs über Klickertraining. Seit 2014 unterrichtet sie Tiertrainer aus allen Sparten mit dem Konzept der Chicken-Camps in operanter Konditionierung. Auf Hof Steigerwald findet die Ausbildung zum Trainingsspezialisten Pferd und seit 2019 die Ausbildung zum Steigerwald.T-Wippentrainer statt. Mit ihrem Mann entwickelt und optimiert sie qualitativ hochwertige Pferdewippen.
www.steigerwald-t.de

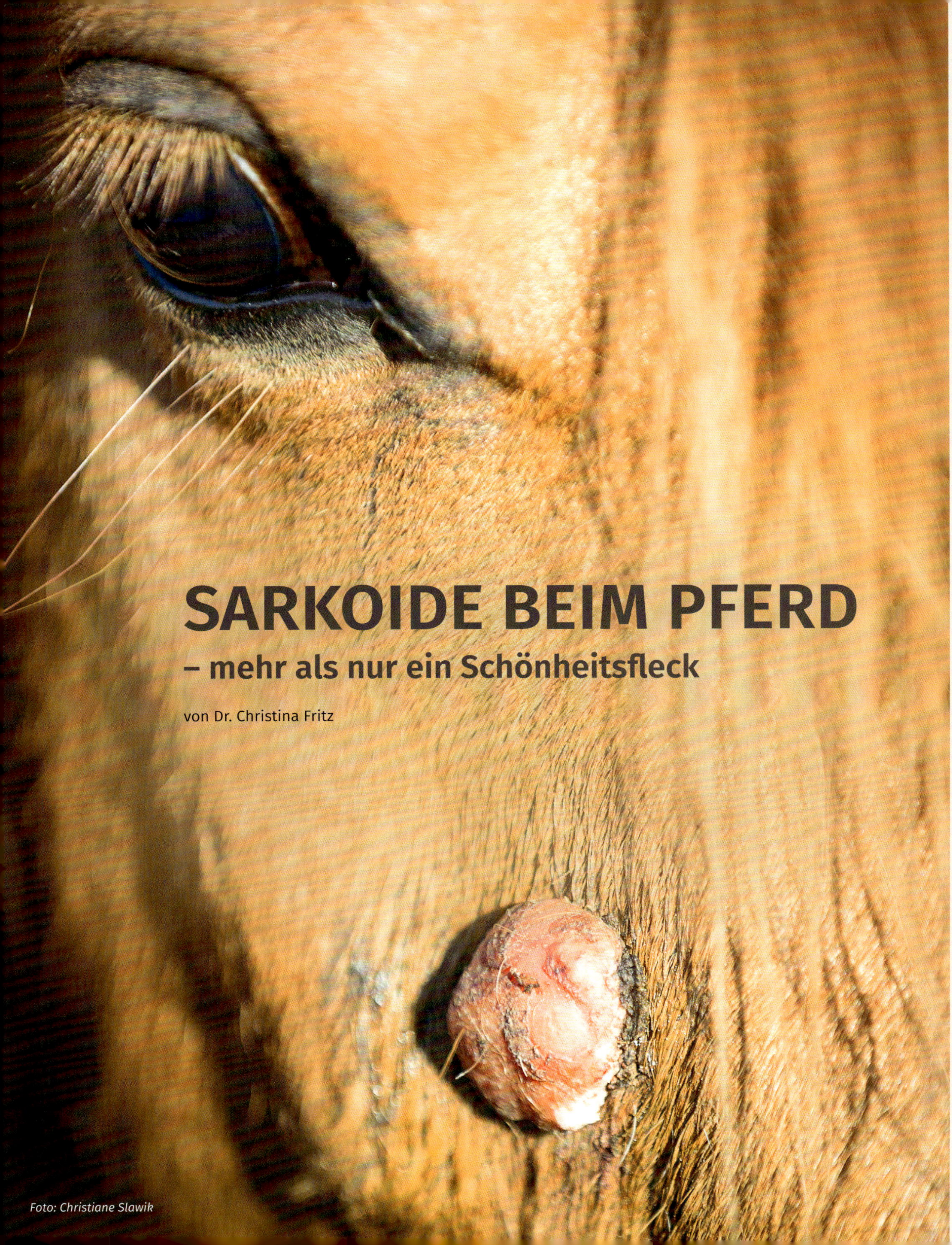

SARKOIDE BEIM PFERD

– mehr als nur ein Schönheitsfleck

von Dr. Christina Fritz

Foto: Christiane Slawik

Jeder Pferdebesitzer bewundert die Schönheit dieser „Kinder des Windes". Das seidige Fell, die weichen Nüstern, die großen, ausdrucksvollen Augen. Umso größer der Schock, wenn plötzlich unerwünschte Wucherungen unseren Liebling verschandeln. Sarkoide, die früher auch als Warzen bezeichnet wurden, sehen nicht nur unschön aus. Entstehen sie im Bereich der Sattel- oder Gurtlage, zwischen den Hinterbeinen oder am Kopf, können sie auch extrem stören und häufig werden es mit der Zeit immer mehr.

Schon im frühen 19. Jahrhundert waren Warzen bei den Haustieren bekannt. Johann Nicolaus Hohlweg beschrieb 1802 in seinem „Allgemeinen Vieharzneibuch" sowohl trockene als auch feuchte Warzen beim Pferd. Die Therapie bestand damals daraus, trockene Warzen abzubinden, bis sie abfallen, und nässende Warzen auszuschneiden und die Wunde mit glühendem Eisen auszubrennen. Aus heutiger Sicht brutale Methoden.

1936 wurde erstmals das „Equine Sarkoid" als Hauttumor beschrieben. Nach Untersuchungen weisen etwa zwölf Prozent der Pferdepopulation Sarkoide auf, wobei nur wenige davon in der Klinik vorstellig werden. Dann meist nur, weil die Sarkoide in der Größe oder durch ihre Lage so problematisch sind, dass man sie behandeln muss. Viele Pferde entwickeln irgendwann ein kleines Sarkoid, das dann sein Wachstum einstellt und ein Leben lang keine weiteren Probleme machen muss (außer dass es von vielen Besitzern als „Schönheitsfehler" angesehen wird).

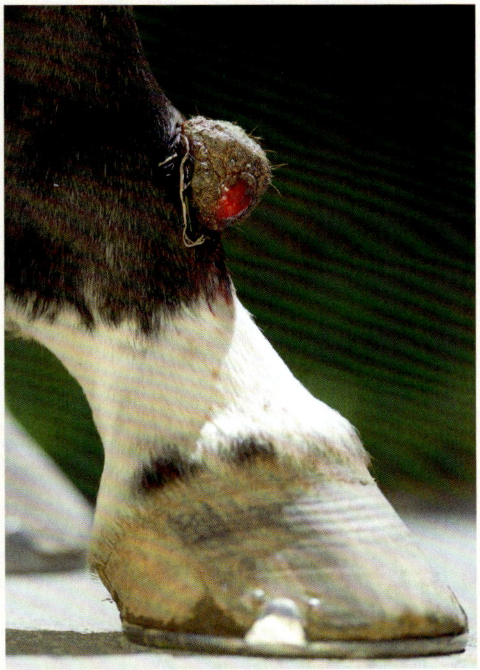

Entstehen Sarkoide an Körperstellen, wo sie Einschränkungen der Beweglichkeit oder Lebensqualität verursachen, sollte dennoch eine Behandlung immer gut gegen die möglichen Risiken abgewogen werden. *Foto: Christiane Slawik*

Manchmal fällt es auch nach einer Weile von alleine ab, ohne dass man etwas dagegen unternommen hätte. Andere hingegen wachsen weiter oder es bilden sich immer neue an verschiedenen Stellen, sodass das Pferd und auch der Reiter die Sarkoide als deutliche Einschränkung der Lebensqualität wahrnehmen. Besonders häufig betroffen sind der Kopf, die Unterseite des Rumpfes, die Genitalregion sowie die Beine. Und nicht nur Pferde sind betroffen. Sarkoide wurden auch schon beschrieben bei Zebras, Maultieren und Eseln, also allen Tierarten, die der Familie der Pferde zugerechnet werden.

SARKOIDE SIND (MEIST) HARMLOSE TUMORE

Sarkoide gehören zu den Tumorerkrankungen beim Pferd. Darunter versteht man krankhafte Gewebezubildungen, die meist durch übermäßige Teilung bestimmter Zellen in dem Bereich entstehen. Im Fall von Sarkoiden findet man entartete fibroblastische und epitheliale Zellen, deshalb werden sie den Hauttumoren zugeordnet. Bei Tumoren unterscheidet man allgemein „gutartige", welche lokal bleiben, von „bösartigen", welche Zellen abgeben, die sich dann in anderen Bereichen des Körpers festsetzen und dort neue Tumore bilden können (Metastasen). Hauttumore stellen mit etwa 50 Prozent der Fälle die häufigsten Tumore bei Pferden, wobei innerhalb dieser Gruppe die Sarkoide mit etwa 90 Prozent deutlich am stärksten vertreten sind.

Sarkoide gehören zu den gutartigen Tumoren, die nicht metastasieren, allerdings können sie nicht nur die Haut und die Unterhaut, sondern auch das darunterliegende Muskelgewebe infiltrieren, was eine chirurgische Entfernung oft auch schwierig macht. Sie haben eine entsprechend hohe Rezidivrate. Das bedeutet, dass das Risiko, dass ein Sarkoid nach der chirurgischen Entfernung wieder auftritt, sehr hoch ist. Oft ist das dann neu entstehende Sarkoid auch deutlich größer und problematischer als der Ersttumor. So kann aus einem vergleichsweise harmlosen und „stillen" Sarkoid, das einfach nur den Besitzer optisch gestört hat, durch eine versuchte Entfernung oder auch nur eine Biopsie ein aggressiver fibroblastischer Tumor entstehen, der nicht mehr aufhören will, zu wachsen. Deshalb sollte jegliche mechanische Manipulation an Sarkoiden immer gut überlegt sein.

Sarkoide entstehen unter Beteiligung einer Virusinfektion mit Bovinem Papilloma Virus. Das ist keine ansteckende Infektionskrankheit. Daher dürfen betroffene Pferde problemlos weiter in der Gruppe gehalten werden. *Foto: Christiane Slawik*

WELCHE FAKTOREN LASSEN SARKOIDE ENTSTEHEN?

Die Entstehung von Sarkoiden bei Pferden ist mittlerweile recht gut geklärt. Hat man Warzen in frühen Zeiten noch für den „Ausdruck des Bösen" gehalten oder die Folge von Flüchen, weiß man heute, dass Equine Sarkoide unter Beteiligung von Viren entstehen. Als Auslöser gilt das eigentlich bei Rindern vorkommende Bovine Papillomavirus (BPV) der Typen 1 und 2, die man in großen Mengen in Sarkoiden nachweisen kann. Fakt ist, dass ein Pferd nie Kontakt mit Rindern gehabt haben muss, um trotzdem BPV in seiner Haut zu tragen, daher wird angenommen, dass die Viren unter anderem durch Insekten übertragen werden.

Um die BPV als Verursacher von Sarkoiden dingfest zu machen, wurden in den 1950er-Jahren Versuche durchgeführt, bei denen die Haut von Pferden gezielt mit BPV inkubiert wurde und sarkoidähnliche Tumore entstanden. Allerdings ist die reine Infektionstheorie nicht haltbar, da sich BPV auch in der Haut gesunder Pferde nachweisen lassen. Die Theorie, dass genetische Variationen hier ursächlich für die unterschiedliche Anfälligkeit für Sarkoide wären, konnte nicht belegt werden. Heute geht man davon aus, dass die Entstehung von Sarkoiden ein multifaktorielles Geschehen ist, also verschiedene Faktoren zusammenkommen müssen, damit eine Infektion mit BPV dann auch tatsächlich zur Entstehung eines Tumors führt.

UNTERSCHIEDLICHES AUSSEHEN

Man unterscheidet im Wesentlichen vier verschiedene Typen von Sarkoiden, die auftreten können.

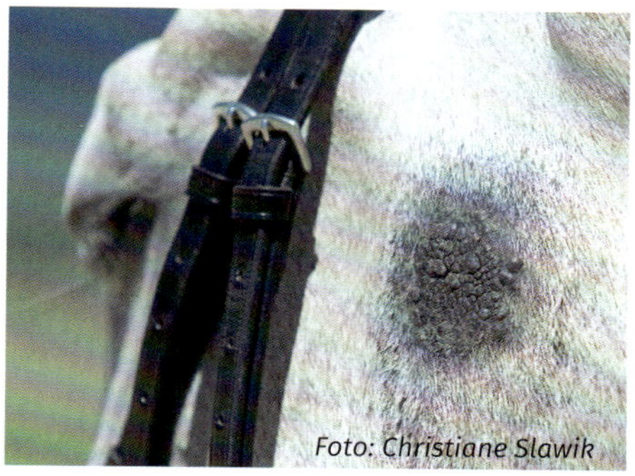

Foto: Christiane Slawik

Das **Okkulte Equine Sarkoid** ist das einfachste und meist am wenigsten beachtete. Es tritt vor allem im Kopf- und Halsbereich auf sowie im hinteren Bereich des Bauchs und an den Genitalien. Es sieht aus wie eine flache, dunkle Schorfkruste und man kann es optisch leicht mit einer oberflächlichen Abschürfung verwechseln, einem älteren Pilzbefall oder einer unschönen Vernarbung.

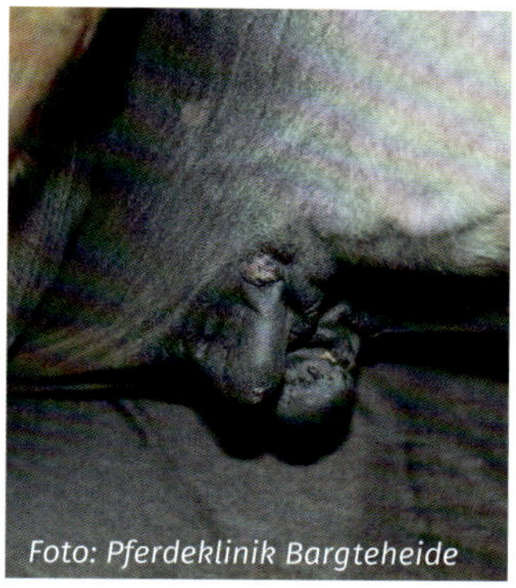

Foto: Pferdeklinik Bargteheide

Das **Verruköse Equine Sarkoid** wird oft als „Warze" bezeichnet, weil es am ehesten dem entspricht, wie man sich eine Warze vorstellt: eine trockene, dunkelgraue, hornig-kahle Wucherung mit zerklüfteter Oberfläche, die in ihrer Größe zwischen erbsenklein und etwa sechs Zentimeter groß sein kann, selten größer.

Das Verruköse Sarkoid sollte man nicht mit den sogenannten Graswarzen (Equines Papillom) verwechseln. Diese betreffen vor allem Jungpferde zwischen ein und drei Jahren, denen plötzlich rund um die Nüstern viele kleine Warzen wachsen. Verursacher sind hier Papillomaviren vom Typ 1. Das Immunsystem reagiert, die Warzen fallen nach sechs bis acht Wochen ab und die Pferde haben dann in der Regel eine lebenslange Immunität gegen diesen Erreger. Graswarzen sind eine typische „Kinderkrankheit".

Verruköse Sarkoide sieht man meist bei jugendlichen bis erwachsenen Pferden (ab drei Jahren) und sie treten von allen Sarkoiden am häufigsten auf. Meist entsteht ein solches Sarkoid innerhalb kurzer Zeit und stellt dann aber das Wachstum wieder ein, um teilweise jahrelang unauffällig zu bleiben. Werden Verruköse Sarkoide aber mechanisch gestresst – durch einen reibenden Sattelgurt oder chirurgischen Eingriff –, werden sie anschließend oft zu Fibroblastischen Sarkoiden.

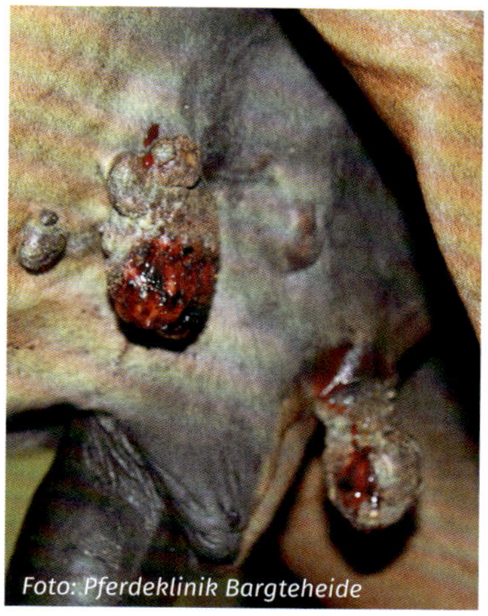

Foto: Pferdeklinik Bargteheide

Fibroblastische Sarkoide sehen aus wie blutige, nässende Geschwüre. Fasst man sie an, fühlen sie sich wie Gummi an und sie können sehr schnell wachsen und in kurzer Zeit blumenkohlartig wuchern. Es gibt sie direkt als Knoten am Körper anliegend („sessil") oder in gestielter Form, wo die knotige Masse über einen „Stiel" mit dem Körper verbunden ist. Diese Form kann leicht mit anderen Hauterkrankungen verwechselt werden, beispielsweise Fibromen oder Fibrosarkomen. Auch wucherndes Gewebe rund um Verletzungen („wildes Fleisch") kann damit verwechselt werden.

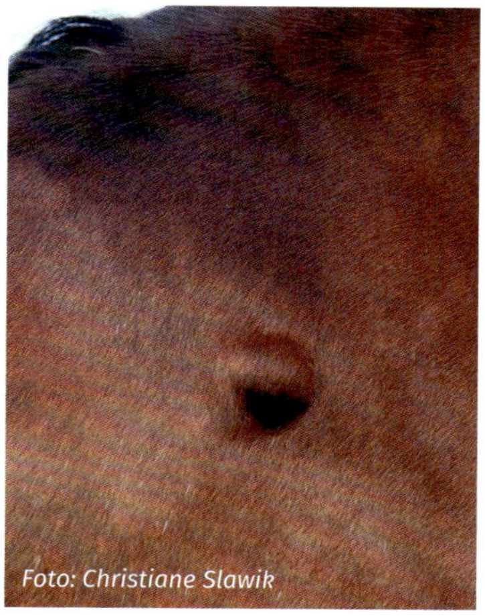

Foto: Christiane Slawik

Noduläre Sarkoide liegen unter der Haut und werden sehr häufig mit Melanomen verwechselt. Während Melanome praktisch ausschließlich bei Schimmeln vorkommen, können Noduläre Sarkoide bei allen Fellfarben beobachtet werden. Sie können plötzlich „aufgehen" und zu Fibroblastischen Sarkoiden werden.

Von den Sarkoiden kann man auch Mischformen beobachten, wo beispielsweise ein Verruköses Sarkoid in seiner hornigen Masse auch fibroblastische, blutig aussehende Anteile hat. Besonders problematisch wird es, wenn Sarkoide bösartig werden. Sie können dann in die Lymphbahnen vordringen, sehr schnell metastasieren, sodass viele neue Sarkoide entstehen. Glücklicherweise ist diese Form extrem selten.

Für die Entstehung von Sarkoiden kann auch eine Veränderung des Darmmilieus verantwortlich sein. Die falsche Ernährung ist eine Komponente hierbei. *Foto: Christiane Slawik*

Sie treten besonders häufig an Stellen auf, wo die Haut dünn, aber gleichzeitig mechanisch stark beansprucht ist, beispielsweise in der Gurtlage, im Bereich hinter den Ohren oder zwischen den Hinterbeinen. Auch an Narben können sich Sarkoide entwickeln, beispielsweise an der Kastrationsnarbe. Und auch an der Brust, wo Pferde doch öfter mal Tritte durch Artgenossen einstecken müssen, tauchen sie häufig auf. Man kann daher vermuten, dass eine Verletzung der Haut oder traumatische Belastung mit eine Rolle spielt. Jedoch kann man teilweise auch an jungen, ungerittenen Pferden schon Sarkoide im Bereich der Gurtlage finden, ohne dass sie je einen Sattel getragen hätten.

Alter und Geschlecht des Tieres scheinen keine Rolle in der Entstehung zu spielen. Einige Untersuchungen haben jedoch eine häufig bei Quarter Horses und Appaloosas auftretende Form festgestellt, während Sarkoide bei Trabern so gut wie nie auftreten. Allerdings werden bei der Rinderarbeit auch deutlich häufiger Quarter Horses und Appaloosas eingesetzt als Traber, sodass man auch vermuten könnte, dass diese einfach öfter vom BPV infiziert werden. In dieser Hinsicht kann auch der Befund interpretiert werden, dass die Menge an Viren und die Häufigkeit von Sarkoiden je nach geografischer Region sehr unterschiedlich ist. Wo mehr Rinder gehalten werden, ist das Risiko, dass man bei Pferden größere Mengen BPV in der Haut findet, entsprechend größer.

ERNÄHRUNG – EINFLUSS AUF DIE HAUTGESUNDHEIT

Dass Sarkoide von BPV verursacht werden, ist unbestritten. Aber warum treten sie nicht bei allen infizierten Pferden auf? Warum ist die Rezidivrate so hoch? Warum arbeitet das Immunsystem nicht richtig? Letztere ist die kritische Frage, die man sich immer stellen sollte, wenn man mit Infektionskrankheiten zu tun hat, die nicht alle Individuen gleichermaßen treffen. Das BPV ist ganz klar ein infektiöses Virus, das bei fast allen Pferden in der Haut zu finden ist. Bei einigen sorgt es aber für Tumorwachstum, bei anderen nicht. Auch kommt es immer wieder zu Spontanheilung, was dafür spricht, dass der Körper durchaus in der Lage ist, sich mit dem Virus konstruktiv auseinanderzusetzen. Die Frage ist also eher: Warum kann das Immunsystem mancher Pferde das nicht leisten, bei anderen aber schon? Oder was hat sich verändert, wenn das Sarkoid plötzlich eintrocknet und abfällt?

Beschäftigt man sich genauer mit dem Immunsystem des Pferdes, dann landet man – wie so oft – beim Darm, denn etwa 70 Prozent des Immunsystems beim Pferd sind in der Darmwand zu finden. Bei vielen Tierarten und auch dem Menschen wird der Zusammenhang zwischen dem Mikrobiom („Darmflora") und dem Immunsystem intensiv erforscht. So kann man mittlerweile viele Autoimmunerkrankungen mit Dysbiosen („Fehlgärungen") im Dickdarm in Zusammenhang bringen, wie auch Allergien und andere Erkrankungen, an denen das Immunsystem direkt oder indirekt beteiligt ist.

In der Anamnese von Pferden mit Sarkoiden fällt dann auch sehr häufig auf, dass sie in der Vergangenheit nicht immer artgerecht ernährt wurden. Von Heulage über unpassende Kraftfutter oder Öle bis hin zu großen Mengen Obst oder Gemüse reichen die Fütterungsfehler der Vergangenheit. Störungen des Mikrobioms sorgen dafür, dass sich das Milieu im Dickdarm verändert und damit wiederum andere Mikroorganismen positiv selektiert werden, weil sie für sich günstige Bedingungen finden. Sorgt man also beispielsweise durch Fütterung von Heulage für ein Absinken des pH-Werts im Dickdarm, werden auch alle anderen säureliebenden Mikroorganismen sich besser vermehren können, weil sie gute Bedingungen finden. Das säuert den pH-Wert weiter an und die eigentlichen Darmbewohner, die Cellulose abbauenden Mikroorganismen, sterben schleichend ab, weil sie mit sauren pH-Werten nur schlecht zurechtkommen. Manchmal erkennt man solche schleichenden Dysbiosen an Darmstörungen wie Kotwasser, Kolikneigung, Blähungen, Durchfällen oder säuerlichem Kot. Allerdings gibt es auch sehr viele Pferde, die keine offensichtlichen Verdauungssymptome haben und trotzdem unter Fehlgärungsprozessen leiden.

Mikrobiomstörungen gehen sehr oft mit Entzündungsprozessen in der Darmschleimhaut einher. Das ruft das Immunsystem auf den Plan, das jetzt versucht, die Darmschleimhaut zu stabilisieren und das Eindringen schädlicher Mikroorganismen zu verhindern. Ein derart be- und überlastetes Immunsystem ist nicht mehr in der Lage, all seinen anderen Aufgaben im Körper ausreichend nachzukommen.

Dazu kommt, dass Störungen des Mikrobioms beim Pferd häufig auch eine gestörte Entgiftung zur Folge haben. Da der Organismus aber Abfallstoffe trotzdem loswerden muss, weil seine Lagerkapazitäten begrenzt sind, fangen Pferde in dem Stadium oft auch an, Abfallstoffe über die Haut auszuscheiden.

Das sorgt für eine Störung der „Hautflora", also der Mikroorganismen, die auf der Hautoberfläche siedeln und die erste Abwehrbastion gegen das Eindringen fremder Keime sind. Auf diese Weise kann die Kombination aus geschwächtem Immunsystem und einem gestörten Haut-Mikrobiom das Entstehen von Sarkoiden begünstigen, weil die Bovinen Papillomaviren nicht mehr ausreichend in Schach gehalten werden können.

THERAPIE MEDIZINISCH: VON AUSSEN NACH INNEN

Klassisch-medizinisch ist man immer versucht, das störende Sarkoid möglichst schnell zu entfernen. Entsprechend werden veterinärmedizinisch auch verschiedene Behandlungsmethoden vorgeschlagen, vom chirurgischen Herausschneiden über Chemotherapie bis zur Strahlentherapie.

Auch einige Salben sind als Therapeutika bekannt. In England recht verbreitet ist die AW5-Salbe (auch als Liverpool-Salbe bekannt), eine Mischung aus Fluorouacil und Schwermetallen, der eine Erfolgsrate von bis zu 80 Prozent in Studien bescheinigt wurde. Hier bekannter ist die Anwendung von Salben auf Basis von kanadischem Blutwurz und Zinkoxid. Sie sollen lokal das Immunsystem stimulieren und in Studien wurden sie erfolgreich bei Sarkoiden bis zu etwa zwei Zentimetern Durchmesser angewendet (Erfolgsrate circa 66 Prozent). Solche Salben führen meist zu einer heftigen Entzündungsreaktion im betroffenen Gebiet und diese wieder sorgt für eine so starke Aktivierung des Immunsystems, dass das Sarkoid abgestoßen wird. Dabei können große, offene Wunden entstehen, die dann langsam zuheilen müssen. Problematisch ist bei vielen dieser Behandlungsmethoden, dass ein vorher unauffälliges Sarkoid durch die Manipulation „aktiviert" werden kann, sodass aus einem harmlosen, Verrukösen Sarkoid ein Fibroblastisches oder sogar ein bösartiges Sarkoid werden kann, dessen erfolgreiche Behandlung dann manchmal schwierig bis unmöglich wird.

THERAPIE ALTERNATIV: VON INNEN NACH AUSSEN

Deutlich weniger bekannt ist die indirekte Therapie über den Stoffwechsel. Wie aus Studien bekannt, sind die sarkoidauslösenden BPV ubiquitär, also überall verbreitet. Man findet sie auch in der Haut von gesunden Pferden, ohne dass diese je an einem Equinen Sarkoid erkranken müssen. Der wesentliche Unterschied zwischen betroffenen und gesunden Pferden besteht in der unterschiedlichen Aktivität des Immunsystems. Ein Pferd mit einem gesunden Immunsystem ist demnach problemlos in der Lage, die auf der Haut befindlichen Viren so einzuhegen, dass es gar nicht erst zur Entstehung von Sarkoiden kommt.

Der Verdauungstrakt gehört zu den größten Organen des Körpers und hat durch die Einstülpung der Darmschleimhaut in Darmzotten eine riesige Oberfläche. Durch die Nahrung gelangen viele Fremdstoffe in den Körper, die potenziell krank machen oder Allergien auslösen können. Daher ist es für den Organismus essenziell, rund um den Darm das Immunsystem zusammenzuziehen, um sich gegen Störungen zu wappnen. Je stärker das Mikrobiom gestört ist und je mehr Entzündungsprozesse in der Darmschleimhaut ablaufen, desto mehr wird das Immunsystem vom Darm beansprucht und versagt an anderer Stelle.

Von Sarkoiden betroffene Pferde müssen dabei nicht unter Koliken oder Durchfällen leiden. Man weiß aus Untersuchungen, dass auch Pferde, die symptomatisch eine gute Verdauung haben, trotzdem unter Dysbiosen und Darmschleimhautentzündungen (Colitis) leiden können. Diese äußern sich dann häufig als Krankheitssymptome an anderer Stelle, unter anderem der Haut. Ist das Immunsystem damit überlastet, den Darm einigermaßen stabil zu halten, fehlen ihm Kapazitäten, die Bovinen Papillomaviren ausreichend zu bekämpfen. Diese können dann Hautzellen derart befallen, dass der Körper mit Wucherungen reagiert – ein Sarkoid entsteht.

Der nachhaltige therapeutische Ansatz sollte also sein, das Immunsystem wieder in die Lage zu versetzen, seine Arbeit zu machen und die Viren selber zu bekämpfen. Dafür muss der Darm zur Ruhe kommen. Eine artgerechte Ernährung, Sanierung des Darmmilieus sowie gezielte Unterstützung und Entlastung des Immunsystems brauchen zwar länger, bis das optisch unschöne Problem verschwindet. Dafür hat man aber – im Gegensatz zu den meisten medizinischen Therapieansätzen – in den meisten Fällen die Garantie, dass es nicht umgehend schlimmer wieder auftritt als vorher.

Dr. Christina Fritz studierte Biologie mit anschließender Promotion. Nach vielen Aus- und Weiterbildungen im alternativtherapeutischen Bereich führt sie seit über zehn Jahren eine Praxis für integrierte Pferdetherapie. Darüber hinaus hält sie Vorträge, Fortbildungen und Webinare über artgerechte Pferdefütterung und -haltung. Sie ist Autorin mehrerer Fachbücher wie „Zivilisationskrankheiten bei Pferden" und „Kinesiologie am Pferd" und betreibt die Gesundheitswebsite wissen.sanoanimal.de.
www.christinafritz.de

Eco Hoof Print

In der Pferdewelt gibt es immer mehr Produzenten, die die Umwelt schützen wollen und sich über regionale, wiederverwertbare und vor allem nachhaltige oder gesundheitsfördernde Produkte für Ihr Pferd Gedanken machen. Wir wollen diese Produkte vorstellen – zum Wohl der Pferde.

von Kirsten Fleiser

Das Equine Sarkoid (ES) ist ein gutartiger Hauttumor, der jedoch je nach Lage und Ausbreitung für das Pferd unangenehm werden kann. Eine schulmedizinische Therapie besteht aus einer chirurgischen Entfernung, Chemotherapie, ätzenden Salben, Impfstoffen oder Bestrahlungen. Je nach Ausprägung werden die unterschiedlichen Anwendungen kombiniert. Betrachtet man Sarkoide ganzheitlich, gehört neben einer pferdegerechten Fütterung auch die Versorgung mit gut verfügbaren Mineralien und Spurenelementen zum absoluten Muss. Ist ein Entzündungsprozess erst im Gang, ist es hilfreich, mit natürlichen Antioxidantien zu ergänzen. Sie neutralisieren die freien Radikale, die Zellen und Gewebeteile zerstören können. Die Naturheilkunde kann die Ernährung optimieren und die körpereigene Abwehr stärken. Meistens ist der Tumor jedoch an der Hautoberfläche und stört Pferd und Mensch. Linderung können Salben verschaffen.

Linderung durch Kräutersalben

Salben aus den USA oder Kanada, die ihren Fokus auf die **Kanadische Blutwurz** legen, sind teuer und schwer zu beziehen. In vielen europäischen Pflegemitteln wird Kanadische Blutwurz darum durch die einheimische Blutwurz, *Potentilla erecta*, ersetzt. Diese Blutwurz ist mit der Kanadischen überhaupt nicht verwandt, sie hat andere Inhaltsstoffe und ein völlig anderes Wirkspektrum. Die einheimische Blutwurz ist eine starke Gerbstoff-Droge. Die Kanadische Blutwurz *Sangunaria* ist eine Mohnverwandte, sie enthält vor allem Sanguinarin. Die Pflanzenheilkunde nutzt diesen Wirkstoff aus den Milchsäften von verschiedenen Mohngewächsen weltweit bei der Behandlung von Hautveränderungen, Warzen und Geschwüren.

Hochwirksamer Wirkstoff Sanguinarin

Sanguinarin kommt bei uns in Bittermohn vor. In mehrjährigen Versuchen, bei denen der hochwertige standardisierte Pflanzenextrakt eingesetzt wurde, der sich in der Kombination mit anderen Kräutern sehr bewährt hat, wurden bei SarkoBalm von PerNaturam sehr gute Erfolge erzielt. SarkoBalm ist eine leicht aufzutragende, nicht fettende Lotion. Sie pflegt die durch Sarkoide gereizte Haut, verbessert die Zellregeneration und regt den Lymphfluss an. Die Lotion ist zusammengesetzt aus Sonnenblumenöl, Kokosöl, gereinigtem Wasser, Bittermohn, Bartflechte, Weißtanne und Ethanol. Die Lotion wird abends und morgens dünn auf die betroffenen Hautstellen aufgetragen.

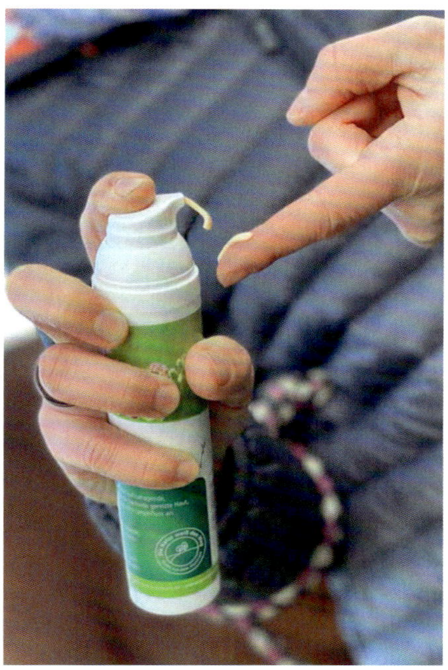

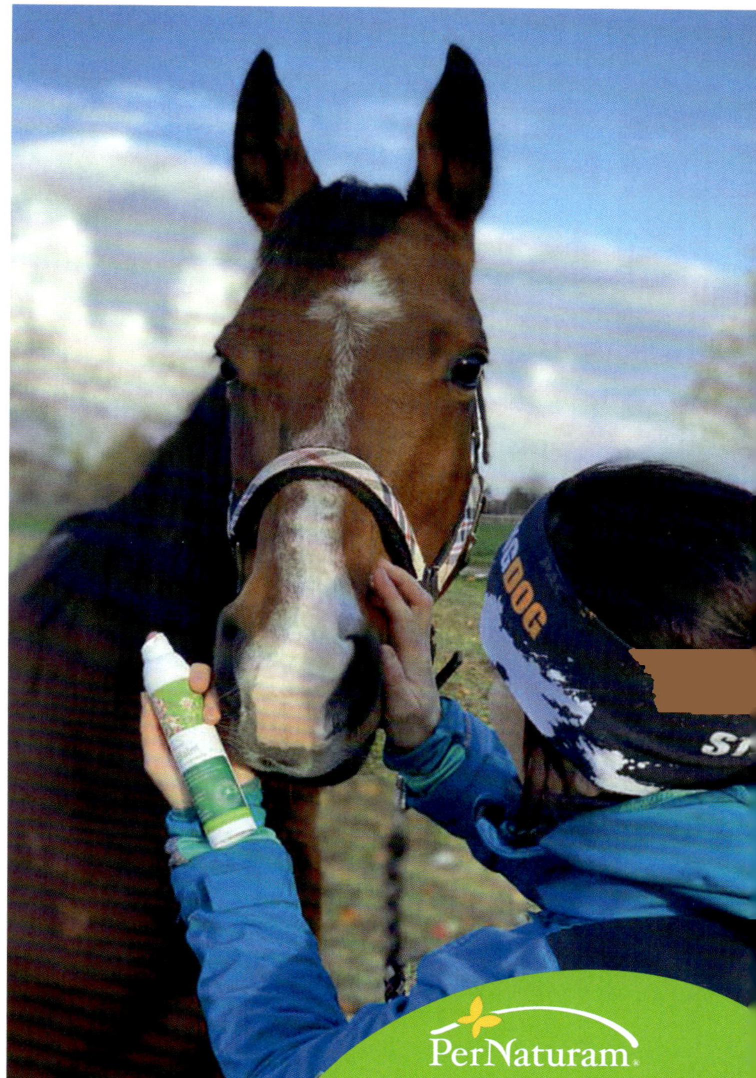

Fotos: PerNaturam

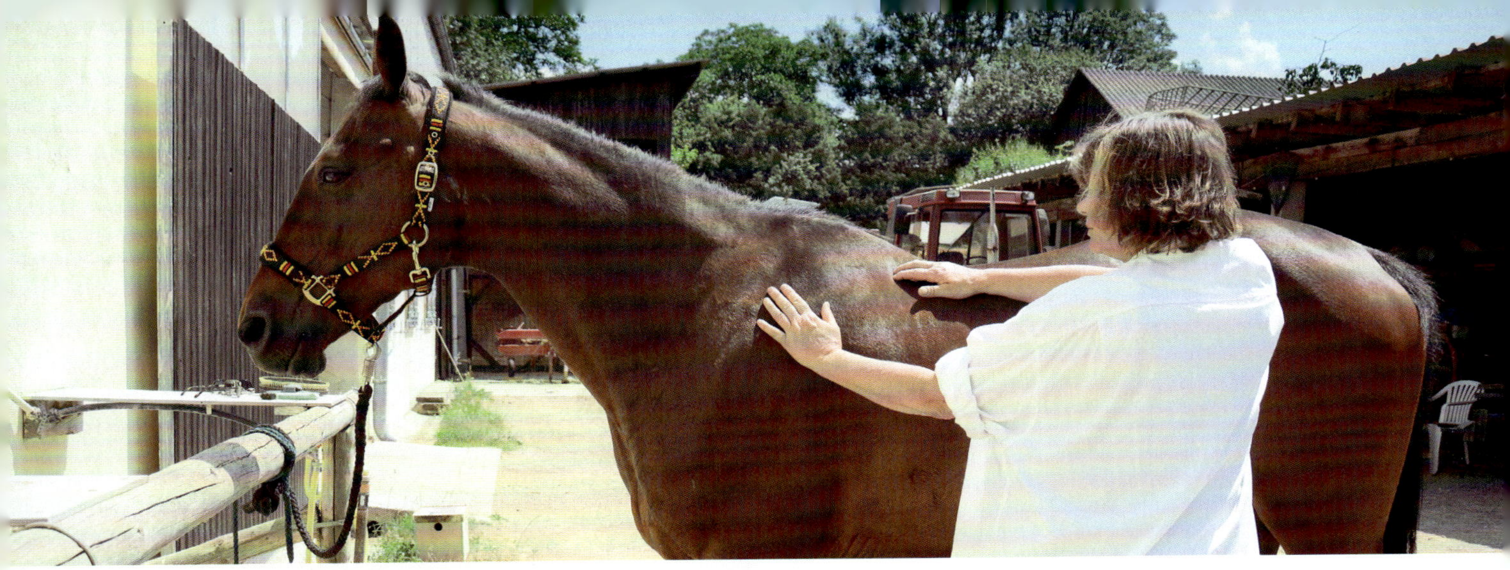

ENERGETISCHES PUTZEN

Gesundheitsvorsorge mithilfe des Meridianabstreichens

von Martina Kiss

Jeder Pferdebesitzer wünscht sich ein gesundes Pferd. Aber gerade in unserer heutigen Zeit zählen Tierärzte zu den Berufsgruppen, die in Reitställen am meisten beschäftigt sind. Was also, wenn das Pferd krank wird? Es wird oft viel Geld ausgegeben, wenn der Tierarzt kommen muss. Dabei kann man viel tun, damit man sein Pferd auf Dauer gesund erhält. Schon das normale Putzen trägt viel zur Gesundheit bei – und einen Schritt weiter das energetische Putzen, das ebenso leicht wie unkompliziert erlernbar ist. Aber was ist das energetische Putzen überhaupt?

Laut den Lehren der traditionellen chinesischen Medizin werden chinesische Ärzte nur bezahlt, wenn sie den Patienten gesund erhalten. Im Gegensatz dazu stehen die Lehren der westlichen Medizin, bei der der Patient zum Arzt kommt, wenn er krank ist.

Legt man dieses System auf das Pferd in unseren Breiten um, heißt das, dass der Tierarzt gerufen wird, wenn das Pferd krank ist. Dabei sieht oder fühlt man oft schon Tage oder Wochen vorher, dass etwas mit dem geliebten Vierbeiner nicht stimmt. Um Erkrankungen vorzubeugen, kann man als Pferdemensch schon sehr viel tun. Es beginnt beim täglichen Putzen. Beim Putzen werden die Durchblutung und die diversen Stoffwechsel im Körper angeregt. Will man seinem Pferd aber noch mehr Wohlbefinden verschaffen, lohnt sich ein Blick über den Tellerrand zur chinesischen Medizin.

Blockierung eines Meridians

In der chinesischen Medizin drücken sich Krankheiten im Vorfeld als Energiestauungen im Gewebe, den Organen und in den Meridianen aus. Wenn ein Meridian blockiert ist, kann keine (oder nur wenig) Energie durch ihn fließen und der Körper wird in weiterer Folge nicht gut genug versorgt. Das wirkt sich bei Mensch und Tier gleich aus. Und es ist eine Kettenreaktion, denn ist ein Meridian blockiert, blockiert nach und nach jeder andere Meridian. Der Endeffekt ist, dass das Pferd erkrankt. Das kann binnen Wochen geschehen oder es kann Monate dauern. Um das Pferd gesund zu erhalten, sollte man schon im Vorfeld beim gesunden Pferd beginnen, damit keine körperlichen Imbalancen entstehen. Eine Variante ist das energetische Putzen.

Energetisches Putzen

Ein Pferd zu putzen lernen wir alle noch vor der ersten Reitstunde. Das energetische Putzen ist – vereinfacht gesagt – ein Abstreifen in Richtung der

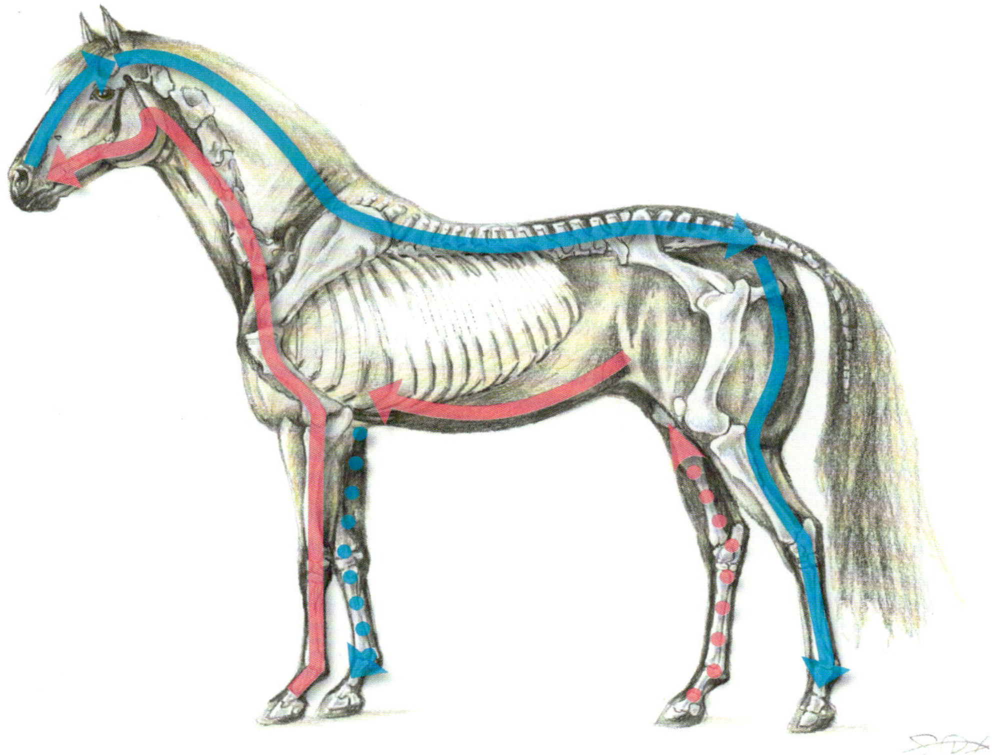

Beim großen Kreislauf bezieht man die Beine und die Hufe mit ein, im Gegensatz zum kleinen Kreislauf, bei dem nur der Körpertonus abgestreift wird. *Illustration: Susanne Retsch-Amschler*

Meridianlinien. Man beginnt zwischen den Nüstern, fährt über den Nasenrücken zwischen den Ohren, eine Handbreit neben dem Mähnenkamm über den Rücken Richtung Schweifrübe die Hinterhand hinunter, weiter über die Bauchseite, den Hals hinauf, die Ganasche entlang zu den Nüstern – und das auf beiden Körperseiten. Beim energetischen Putzen unterscheidet man zwischen dem kleinen Kreislauf (KKL) und dem großen Kreislauf (GKL). Beim großen Kreislauf bezieht man die Beine mit ein, wobei man an der Außenseite derselben hinunter- und an der Innenseite hinauffährt.

Auch die Hufe werden beim GKL mitgearbeitet: an der Außenseite vom Ballen bis zur Spitze und an der Innenseite von der Spitze nach hinten zum Ballen.

Aus Platzgründen haben wir uns entschlossen, den gesamten Artikel zum Thema energetisches Putzen auf www.naturalhorse.de/energetisches-putzen-meridianabstreifen.html zu veröffentlichen.

Martina Kiss
Durch den Tod ihres Pferdes Junior kam die Journalistin und Pressefotografin Martina Kiss zur Tierkommunikation (nach Carola Lind und Nadja Bacchi) und in weiterer Folge zur Tierenergetik. Sie arbeitet mit cranio-sacraler Ausgleichsenergie und Touch for Health für Pferde und Hunde. Ihre Spezialgebiete sind Pferdekinesiologie (nach Dr. Christina Fritz) und Coaching zwischen Mensch und Tier (nach Nadja Bacchi). Sie lebt und arbeitet in Österreich.
www.balance4animals.at

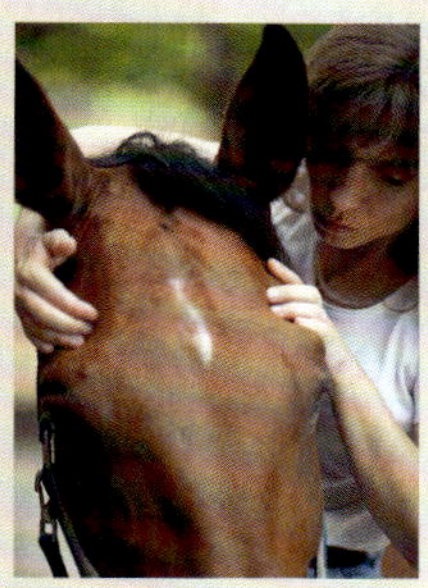

Die Rituale der Pferde

Überholen

von Gertrud Pysall

Willkommen zu meiner Kolumne, die sich ganz um das Thema Pferdesprache und die Missverständnisse zwischen Mensch und Pferd dreht. Einige Glaubenssätze in Bezug auf das, was Pferde angeblich wollen oder beabsichtigen, werden hier umgekehrt, aber darin liegt gleichzeitig eine große Chance für die Pferd-Mensch-Beziehung!

Glaubenssatz: Pferde wollen Macht ausüben und dominant sein.

Wahrheit: Als Flucht- und Beutetiere sind Pferde auf der Suche nach Schutz und Führung. Die geeignete Führungspersönlichkeit ermitteln sie durch Rituale, Regeln und Vokabeln. Dieses Verhalten wird vom Menschen häufig als Unart, Dominanzverhalten oder Widersetzlichkeit ausgelegt.

Lösung: Zeigen Sie dem Pferd, dass Sie diese Führungspersönlichkeit sind, ohne gegen das Pferd zu kämpfen. Seien Sie fair, souverän und kompetent. Pferde nehmen dieses Angebot gerne und schnell an.

Regel: Wer den anderen ***überholen*** kann, ist ranghöher, kompetenter.

Ritual: Ein Pferd ***überholt*** ein anderes galoppierendes Pferd.

Sicher kennen Sie das Bild, wie zwei Pferde sozusagen einen „Wettlauf" machen und eines es schafft, an dem anderen vorbeizuziehen. Das Pferd zeigt damit seine Kraft, seine Gesundheit sowie Kondition und kann sich damit als der Bessere qualifizieren. Das ist ein wichtiger Prozess, um festzustellen, wer den anderen sicher führen und für ihn Entscheidungen treffen kann. Um sicherzugehen, wiederholen Pferde dieses „Wettrennen" mehrfach, aber wie gesagt *nicht*, um ein Sieger mit Goldmedaille zu sein, sondern als Instinkthandlung für die eigene Sicherheit oder gar die Sicherheit der Herde. Würde der andere unterliegen, würde der Sieger (nicht unbedingt gern) die Verantwortung selbst übernehmen. Ist die Entscheidung eindeutig gefallen, wird das Ergebnis auch nicht mehr diskutiert und nicht damit gehadert. Die Positionen sind bestimmt worden und der Stresspegel lässt nach, da jetzt Klarheit herrscht. Dieses Instinktverhalten können Sie nutzen, um das Miteinander mit Ihrem Pferd wesentlich zu verbessern.

Wichtig zu wissen: Pferde erwarten von anderen Wesen, die während ihrer Prägezeit mit ihnen Kontakt hatten, dieselbe Sprachfähigkeit wie von Ihresgleichen! Pferde glauben, dass ihre Besitzer alle Zeichen und Appelle verstehen! Kommt keine angemessene Reaktion, hält das Pferd sie damit für nicht führungstauglich. Sie können dagegen „anerziehen", aber wesentlich einfacher, eleganter und artgerechter ist es, die Regeln der Pferde zu lernen und anzuwenden.

Pferde fordern uns ständig auf, uns mit ihnen zu messen, um klarzustellen, wer hier entscheidet: Mensch oder Pferd. Wenn Sie jetzt denken: *Mein Pferd macht das nicht,* dann überlegen Sie mal, ob das Pferd Sie schon mal angeschubst hat, den Kopf über Sie gehoben hat, Ihnen in den Weg getreten, nicht mitgegangen ist ...

All das sind Anfragen, ob Sie Entscheidungsträger sein wollen und können, mit einer Bitte um eine deutliche Antwort von Ihnen.

Bei dem Ritual ***„Überholen"*** könnten Sie nun mit Recht sagen: *Da bin ich raus. Das könnte ich sowieso nicht.*

Richtig, Sie sind zu Fuß langsamer als ein Pferd und die Pferdesprache hält noch mehr solcher Probleme bereit. Die gute Nachricht: Ich habe für fast alle Rituale der Pferde ausführbare Gesten für den Menschen entwickelt, die vom Pferd sofort verstanden werden.

KOLUMNE

Das heißt in der Praxis: Begeben Sie sich mit dem Pferd in ein eingefriedetes Areal – kein Roundpen! Wir nutzen eine halbe Reithalle, etwa 20 x 20 Meter, also eine quadratische Grundfläche. Während Ihr Pferd auf dem Hufschlag galoppiert, wählen Sie den kürzeren Weg im Inneren des Quadrats, ziehen so an ihm vorbei und ***überholen*** Ihr Pferd.

Wichtig: Sie treten dem galoppierenden Pferd nicht in den Weg! Sie laufen eine Schlaufe und verlassen den Hufschlag sofort wieder. Bei sehr schnellen Pferden biegen Sie aus Sicherheitsgründen ab, *bevor* Sie den Hufschlag erreichen. Das Pferd registriert, es hat Sie auf seinem Weg vor sich gesichtet, auch wenn Sie sofort danach abgebogen sind. Es denkt nun, dass Sie schneller waren.

Sie werden staunen, was das bei Ihrem Pferd bewirkt. Pferde, die dieses Ritual wählen, wissen, dass sie selbst schnell und in guter Verfassung sind. Umso erstaunlicher ist es für das Tier, wenn Sie ihm zeigen: *„Ich überhole dich spielend, weil ich schnell und stark bin."*

Falsche Auslegung von Pferdesignalen

Missverständnisse zwischen Mensch und Pferd entstehen durch falsche Auslegung der Signale. Wenn Sie durch ***Überholen*** zeigen, was Sie können, wird das Pferd erleichtert, ja sogar begeistert sein, dass Sie besser sind. Immer wenn Sie fair und kompetent Ihre Fähigkeiten zeigen, vermitteln Sie Ihrem Pferd Sicherheit. Es fühlt sich nicht zurückgesetzt, es wünscht sich dringend, dass Sie der Bessere sind! Bedenken Sie, dass Ihr Pferd nicht nach einmaliger Demonstration Ihrer Fähigkeiten aufhört, diese abzufragen. Instinktiv stellt es Sie täglich auf die Probe. Stark und kompetent zu sein, ist der größte Gefallen, den Sie Ihrem Pferd tun können.

Gertrud Pysall

Gertrud Pysall lebt seit mehr als 25 Jahren mit Pferden und widmete sich der Erforschung der Pferdesprache. In Spenge (NRW) begann sie mit Seminaren für interessierte Pferdemenschen und sie schrieb die Pferdebücher „Was Pferde wollen" und „Das Geheimnis der Pferdesprache". Sie hält mit ihrer Tochter Franziska Workshops und Vorträge über ihr Ausbildungssystem „Motiva". **www.motiva-pysall.de**

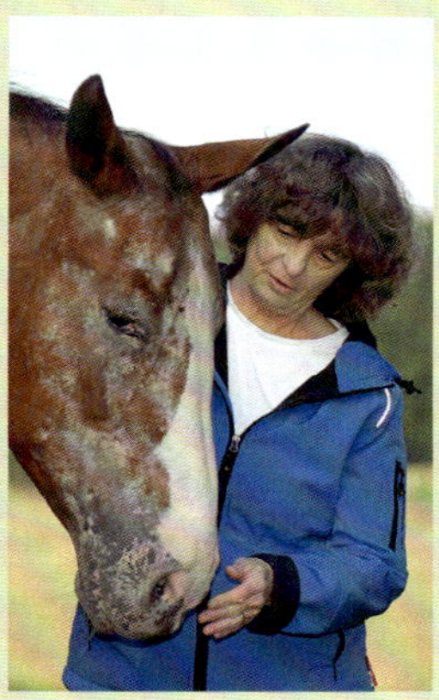

Der Mensch schickt sein Pferd im Galopp vor sich her.

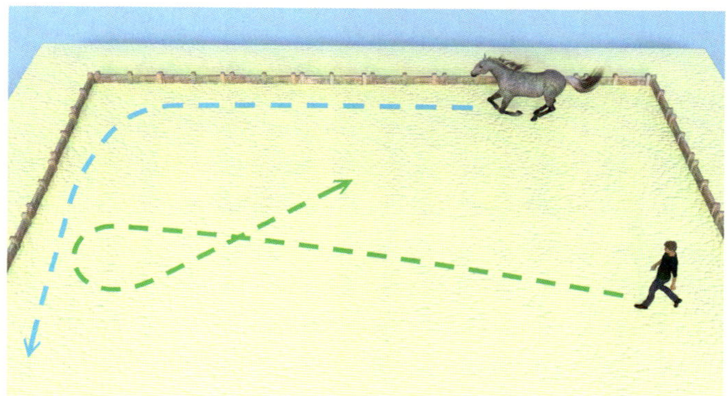

Der Mensch wendet ab, läuft in Richtung der grünen Linie, kommt vor dem Pferd am Hufschlag an und hat somit das Pferd überholt.

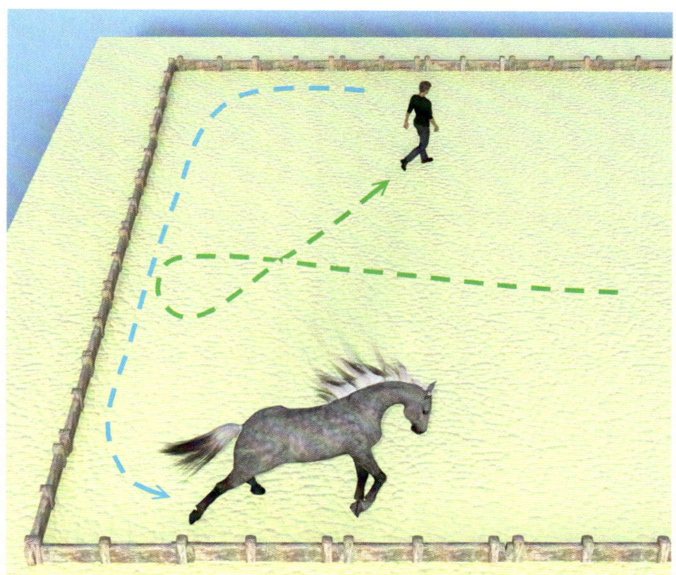

Das Pferd galoppiert hinter dem Menschen vorbei und der Mensch hat das Ritual gewonnen. *Grafiken: Isabell Schmitt-Egner*

Der Frühling erwacht und mit ihm die Welt um uns herum.
Lass dich auf unsere Lebensfreude ein
und du fühlst das Glück in jeder Faser deines Herzens.

Foto: Christiane Slawik

Wege zum balancierten Sitz

Foto: Hans J. Schmidtke

Kommentar

Wer kennt nicht das Buch von Sally Swift „Reiten aus der Körpermitte". Seit ich es in den 80er-Jahren regelrecht „verschlungen" habe, ist viel Wasser den Rhein, die Donau und die Limmat runtergeflossen beziehungsweise sind trotzdem viele Pferderücken kaputt geritten worden. Das Buch (es sollte ein Standardwerk für jeden Reiter sein) hat bis heute nicht an Aktualität verloren. Im Gegenteil, der Sitz ist und bleibt in jeder Sparte des Reitens ein interessantes Thema. Wir sitzen nun einmal auf dem filigransten Teil des Pferdes – dem Rücken. Und derselbe sollte so gut wie möglich gesund erhalten werden.

Beim Sitz geht es nicht nur um Technik, denn die ist – zumindest in den Grundzügen – schnell erlernt. Es geht auch um die direkte Verbindung mit dem Pferd. Besteht keine innere Verbindung, hilft die ganze äußere Technik nichts. Soll das jetzt heißen, dass wir all die Übungsstunden an der Longe mit dem Pferd ad acta legen können, wenn diese Verbindung nicht so richtig klappt? werden Sie sich fragen. Nein, natürlich nicht, aber was zu hinterfragen wäre, ist die innere Einstellung, warum man sich auf den Pferderücken schwingt und mit dem Pferd zusammen sein will.

Ist es, um gute Übungen perfekt zu gestalten? Oder ist es, um mit seinem zotteligen Freund auf dem nächsten Turnier zu brillieren? Oder (und ich hoffe, ein großer Teil der Natural-Horse-Leser stimmt mir hier am ehesten zu) weil wir, wenn wir auf dem Rücken unseres Pferdes sitzen, eine Harmonie und einen Gleichklang mit unserem Pferd in jeder Bewegung fühlen und quasi mit unserem Pferd verschmelzen wollen?

Ein weiterer Grund ist, dass wir den Pferderücken so wenig wie möglich belasten wollen, damit wir seine Gesundheit bis ins hohe Alter erhalten können. Jeder von uns kennt Rückenschmerzen. So fühlt es sich auch für unsere Pferde an, wenn unser Sitz holprig und der Sattel unpassend ist. Wie soll ein Pferd mit Rückenschmerzen den Sitz seines Reiters ausbalancieren, wenn es damit beschäftigt ist, seine Anspannung loszuwerden, und dadurch immer mehr in die Verspannung geritten wird? Ein Teufelskreis!

Und deshalb ist es so wichtig, zu wissen: Um Wege zum balancierten Sitz auf seinem Pferd zu finden, müssen beim Pferd rundherum alle Komponenten passen. Umfeld Haltung: Was hat die Haltung mit dem Sitz zu tun? Nun, das Lauftier Pferd, das seine Muskulatur ständig mit Sauerstoff versorgen kann, hat weniger Rückenschmerzen als ein Pferd, das von 24 Stunden am Tag 16 in einer Box fristen muss – was leider auch im 21. Jahrhundert in vielen Sportställen noch immer der Fall ist.

Soziale Kontakte: Pferde sind Herdentiere, die in ihrer Gruppe oder Herde Sicherheit und Ausgeglichenheit bekommen. Nimmt man ihnen diese Komponenten, stehen sie unter Strom und verspannen sich.

Pferdegerechtes Futter: Futter ist die Energiequelle des Pferdes. Je naturnaher es ist, desto mehr Energie kann das Pferd aus der Nahrung ziehen. Ist das Futter zu stark verarbeitet (Müsli, Heulage, ...), kann es zu Übersäuerung im Körper kommen. Das Pferd hat nun durch Bewegungsmangel und falsche Fütterung mit übersäuerter Muskulatur zu kämpfen. Wie soll es da entspannt bleiben, wenn ihm alles wehtut?

Jetzt kommt noch der Mensch, der wahrscheinlich vom Arbeitstag gestresst ist, und möchte auf ihm reiten. Ein gestresster Mensch ist gleich ein verspannter Mensch und das, was da dann im Sattel (der vielleicht auch nicht optimal passt) sitzt, verstärkt auch noch die Verspannung des Pferdes. Und wie soll dabei ein entspannter Reitersitz entstehen? Das ist eine Illusion. Über kurz oder lang hat man, wenn diese Situation anhält, den Tierarzt im Stall, weil das Pferd lahmt oder offensichtliche Probleme mit dem Kreuzdarmbein hat. Kein Wunder – Verspannung, Kreuzschmerzen, Fehlbelastung, Abnutzung, alles Komponenten, die in keiner Weise ein gesundes Pferd hervorbringen. So viel zum Pferd.

Jetzt geht es aber um den Menschensitz im Sattel und in unserem Schwerpunkt um die Wege zum balancierten Sitz und warum er so wichtig ist. Der balancierte Sitz hat – unserer Meinung nach – nicht nur etwas mit dem Sitz (da erlernbare Technik) an sich zu tun. Was, wenn der Sitz auch die Balance des Pferdes sowohl mental als auch körperlich verbessern kann? Ist das überhaupt möglich?

Silja Schießwohl ist eine junge Trainerin, die ihre Methode in Anlehnung an die klassische Reitkunst aufbaut und die die Verbindung über den Sitz durchaus als „magnetisch“ bezeichnet. Sie erklärt, warum ohne diese Verbindung nichts geht, und stellt vor, wie diese Verbindung durch Übungen einfach zu erreichen ist. Hierzu haben wir auch ein kleines Video.

Ralf Döringshoff erklärt anhand der Gerittenen Osteopathie® die anatomischen Begebenheiten, die transparent machen, dass das Pferd über diese Variante auch gesund geritten werden kann.

Jochen Schleese, seines Zeichens Sattlermeister und – in erster Linie – Sattelergonom, aber auch früherer Turnierreiter, nimmt sich den Sattel in Bezug auf den Sitz vor.

Kirsten Fleiser ist auf die Suche nach den verschiedenen Reitsimulatoren und Sitzhilfen gegangen, die dabei helfen sollen, den eigenen Sitz zu überprüfen, zu hinterfragen und zu trainieren, um annähernd den bequemsten Sitz für sein Pferd zu erreichen.

Wir haben bewusst in dieser Ausgabe Hilfsmittel wie zum Beispiel Franklin-Bälle ausgelassen. Diese wurden in verschiedenen anderen Magazinen mit Übungen präsentiert. Wir zeigen auch nur Wege zum balancierten Sitz auf. Aber ein balancierter Sitz des Reiters hilft dem Pferd sowohl körperlich, in die eigene Balance zu kommen, als auch mental, sich wohlzufühlen. Ein balanciertes Pferd ist ein sicheres Pferd, das seinem Reiter vertraut, weil es sich gut aufgehoben fühlt – denn das ist das Ziel eines jeden Pferdemenschen.

Eure Martina Kiss

DIE MAGNETISCHE VERBINDUNG

durch den ausbalancierten Sitz

von Silja Schießwohl

Der Traum eines jeden Reiters ist die magnetische Verbindung mit seinem Pferd durch den entspannten und funktionalen Sitz. Dazu gehört auch eine dementsprechende Sitzschulung. Wenn von Sitzschulung die Rede ist, denken wir oft sofort an Longenstunden und eine Verbesserung der „äußeren Form“. Doch wenn wir mit dem Pferd wirklich in einen Dialog treten und eins werden wollen, braucht es mehr: eine Verbindung zwischen Reiter und Pferd, die in erster Linie aus einem funktionalen Sitz heraus entsteht und unsichtbare Hilfengebung möglich macht.

Pferd und Reiter sprechen nun mal nicht die gleiche Sprache und dennoch ist dieser Einklang möglich. Zwei Körper unterschiedlicher Lebewesen kommen in ein gemeinsames Gleichgewicht. Ein Dialog auf Basis der Bewegung wird möglich. Ich persönlich schätze das Wort „Bewegungsdialog“ in diesem Zusammenhang sehr. Es ist oft nicht so ganz einfach, ein Gefühl mit Worten zu beschreiben, aber dennoch spiegeln Formulierungen wie „zu einer Einheit werden“ oder „den Einklang finden“ genau diesen Flowzustand wider.

Doch neben allen Formulierungen, die wir uns zur Beschreibung dieses Zustandes bereits zurechtgelegt haben, wird dieses Gefühl der Verbindung zwischen Reiter und Pferd vielleicht dadurch greifbar: Es ist wie eine magnetische Anziehungskraft, die beide miteinander verschmelzen lässt. „Magnetisch“ bedeutet in diesem Kontext demnach keine statische Verbindung, sondern ein Verschmelzen in gemeinsame Bewegungsmuster. Wer diesen Zustand der magnetischen Verbindung und daraus resultierenden Leichtigkeit des Reitens schon einmal erlebt hat, kennt den damit verbundenen Suchtfaktor.

WIE ERREICHT MAN DIESE „MAGNETISCHE VERBINDUNG“?

Wir müssen uns verabschieden von der reinen „Schablonen-Reiterei“, also der ausschließlichen Orientierung an den äußeren Merkmalen eines guten Sitzes. Anweisungen wie „Absätze tief“, „Zehenspitzen zum Pferd hindrehen“ oder „Schultern zurück“ haben häufig zwar eine gut gemeinte Absicht, rufen aber problematische Bewegungsmuster hervor. Der Reiter verspannt sich, versucht unter Anspannung, dieser „Schablone“ gerecht zu werden. Die Suche nach der Leichtigkeit endet hier in einer Sackgasse. Es ist doch paradox, dass wir versuchen, Leichtigkeit und ein positives Gefühl im Sattel mit Anspannung und Verkrampfung herzustellen.

Das ist, als wenn wir versuchen würden, an nichts zu denken, und vor lauter Anstrengung erst recht ins Gedankenkarussell geraten. Bestes Beispiel: Denken Sie nicht an einen rosa Elefanten. Was passiert? Man denkt unweigerlich an den rosa Elefanten. Auf körperlicher Ebene handelt es sich um das gleiche Phänomen.

TIPP: NUTZE EIN INNERES BILD

Ein hilfreiches inneres Bild, um sich von negativer Anspannung beim Reiten zu verabschieden, ist beispielweise, sich vorzustellen, „nur mit den Knochen zu reiten". Der Fokus auf das eigene Skelett und damit verbunden die Ausrichtung und Position der Knochen mag zunächst ein seltsames Bild sein. Doch es hilft vielen Reitern dabei, unnötige Muskelanspannung loszulassen.

SITZSCHULUNG – MEHR ALS „SCHÖN AUSSEHEN"

Um die magnetische Verbindung erleben zu können, braucht es in erster Linie Sitzschulung. Doch dabei hat Sitzschulung viel mehr zum Ziel, als nur „schön zu sitzen" oder eine „gute Figur" auf dem Pferd zu machen, und geht auch über die häufig damit verbundenen Longenstunden hinaus. Es ist die Schulung des eigenen Körpergefühls, der Körperwahrnehmung. Der Reiter lernt, seinen eigenen Körper zu kontrollieren, überwindet alte Bewegungsmuster und etabliert neue. Das ist ein äußerst anspruchsvoller Lernprozess, der aktiv gestaltet werden muss und zudem unzählige Wiederholungen des korrekten Bewegungsmusters erfordert. Dabei zielt dieses Lernen auf zwei Aspekte ab: einerseits die Balance, also das eigene Gleichgewicht im Sattel, und andererseits aber auch die daraus resultierende korrekte Hilfengebung.

Das Schwierige an diesem Lernprozess ist vor allem, dass unsere eigene Wahrnehmung uns immer wieder einen Strich durch die Rechnung macht und uns täuscht. Wir denken, kerzengerade im Sattel zu sitzen, dabei hängt der Oberkörper noch immer nach hinten. Wenn dann der Reiterlehrer sagt, „Mach den Oberkörper weiter vor", fühlt es sich für den Schüler erst einmal so an, als würde er vornüberkippen.

So sollte es nicht sein: Die Reiterin versucht, durch Bewegungsmuster wie „Schenkel ran" oder „Schultern zurück" ihren Sitz zu korrigieren, und verspannt sich total. Dadurch verliert sie die magnetische Verbindung zum Pferd. *Foto: Stephanie Strobl*

Sitzschulung ist ein Prozess der Wahrnehmung, des Korrigierens und der Kontrolle über den eigenen Körper. *Foto: Stephanie Strobl*

Übung:
Eine einfache Übung, um dies auch ohne Pferd einmal wahrzunehmen, ist folgende:

Schließe die Augen und führe beide Arme gleichzeitig von unten nach oben vor den Körper. Beide Arme sollen parallel zueinander und im 90-Grad-Winkel vor dem Körper gestoppt werden. Wenn du dir sicher bist, dass sich deine Arme im rechten Winkel auf einer Höhe vor deinem Körper befinden, öffnest du die Augen. Sind sie auf einer Höhe? Wenn ja, bist du richtig gut! Bei den meisten Menschen klappt das nicht auf Anhieb. Eben, weil uns das eigene Gefühl gerne täuscht.

Genauso wie bei dieser Übung sehen wir beim Reiten nicht, was wir tun. Wir sitzen auf dem Pferd und müssen uns auf unser Gefühl verlassen. Sehen wir dann ein Video oder haben die Möglichkeit eines Blicks in den Reithallenspiegel, erkennen wir plötzlich, was unser Gefühl uns da vorgaukelt.

IN DIE EIGENE BALANCE FINDEN

Die Balance des Reiters im Sattel bezieht sich auf die äußere Form. Das, was wir von außen beurteilen können, wenn wir beispielsweise so ein Video von uns selbst oder eines anderen Reiters sehen. Sitzt dieser im Lot? Ist der Reiter zentriert? Belastet er seine Sitzbeinhöcker gleichmäßig und sitzt somit mittig im Sattel? Die Balance können wir analysieren.

Um den individuellen Sitz des Reiters aber tatsächlich beurteilen zu können, dürfen wir in dieser Analyse eine Sache nicht vernachlässigen: die jeweilige Anatomie des Pferdes und die des Reiters. Sitzt eine Reiterin mit schmalem Becken auf einem breiten Pferd wie etwa einem Schwarzwälder, wird der lehrbuchmäßige „optimale" Sitz unter Umständen Wunschvorstellung bleiben. Vielmehr gilt es, bei einer solchen Pferd-Reiter-Kombination danach zu suchen, was möglich ist. Es muss ein Kompromiss zwischen der äußeren Form, der Idealvorstellung eines ausbalancierten Sitzes, und der inneren Funktion gefunden werden: In welcher Sitzposition ist die Reiterin noch im Stande, logische Hilfen zu geben, ohne in Anspannung zu geraten?

Wenn möglich, sollten wir uns als Reiter der Idealvorstellung eines ausbalancierten Sitzes annähern und an uns arbeiten. Denn je ausbalancierter wir sind, umso besser können wir mit unserem Pferd kommunizieren. Widersprüchliche Signale reduzieren sich, die Signale aus dem Sitz passen zu den sekundären Hilfen Schenkel und Zügel. Dazu sollten wir bestrebt sein, dass jedes unserer Körperteile eine „neutrale Position" einnimmt. Die neutrale Position ist weder starr noch statisch, sondern sie ermöglicht Bewegungsspielraum. Wenn der Reiter zum Beispiel immer (aus Gewohnheit) ein stark abgekipptes Becken hat und somit vermehrt auf den Hosentaschen sitzt, ist die neutrale Position gestört. Aus dieser abgekippten Beckenposition heraus kann das Reiterbecken nur vermehrt aufgestellt werden, aber meist nicht noch mehr abgekippt werden. Soll das Pferd nun beispielswiese am Sitz vermehrt „aufgenommen" werden, was meist durch ein sanftes Abkippen des Beckens geschieht, stößt die Hilfengebung an ihre Grenzen. Um das volle Potenzial des Sitzes als Kommunikationskanal nutzen zu können, sollten wir uns daher immer um die neutrale Position der einzelnen Körperteile bemühen.

Dieses Streben nach der Balance sollte aber eben immer im Rahmen der individuellen Gegebenheiten stattfinden. Ein verspannt sitzender Reiter kann der Bewegung des Pferdes nicht mehr durchlässig folgen. Auch hier beißt sich die Katze wieder in den Schwanz. Wir erwarten von unseren Pferden Durchlässigkeit und Losgelassenheit und geben selbst verkrampfte Hilfen? So rückt die magnetische Verbindung leider in die Ferne. Der erste Ansatzpunkt, um dieses magische Gefühl langfristig zu erreichen, ist also nicht das Pferd, sondern sind *wir*.

Im gemeinsamen Bewegungsdialog stört der Reiter das Pferd nicht in seiner Bewegung und geht mit dem Sitz mit. *Foto: Stephanie Strobl*

Übung:
Versuche, die neutrale Position deines Beckens zu finden: Setze dich auf einen Stuhl mit einer harten Sitzfläche. Die Fußsohlen haben Kontakt zum Boden. Nun wechselst du zwischen den beiden Extrempositionen Hohlkreuz und Rundrücken, indem du den vollen Bewegungsspielraum deines Beckens nutzt. Wechsle mehrmals zwischen den Extremen und lasse die Bewegung schließlich kleiner werden, bis du das Gefühl hast, in der neutralen Position angekommen zu sein. Hier stehen die Sitzbeinhöcker senkrecht, dein Becken ist „ausbalanciert". Im Sattel funktioniert es genauso.

DER SCHLÜSSEL ZUM ERFOLG: DER MITGEHENDE SITZ

Die erste Voraussetzung, um langfristig die magnetische Verbindung zum Pferd herzustellen und es mühelos aus dem Sitz zu dirigieren, ist, das Pferd nicht in seiner Bewegung zu stören. Der mitgehende Sitz in allen Gangarten muss erlernt werden. Das aktive Schieben des Beckens im Schritt ist beispielsweise eine Angewohnheit vieler Reiter, die das Pferd mehr stört als hindert. Durch das aktive Schieben wirkt der Reiter gegen den natürlichen Bewegungsfluss des Pferdes, die Bewegungsqualität des Pferdes leidet darunter.

Um den Sitz funktional nutzen zu können, hilft es enorm, folgende drei Schritte zu durchlaufen:

1. **Bewegung verstehen:** Der Reiter sollte die Bewegung des Pferdes in der jeweiligen Gangart nachvollziehen können und verstehen, wie er dadurch vom Pferd bewegt wird.
2. **Bewegung spüren:** Der Reiter sollte diese Bewegung nicht nur kognitiv verstehen, sondern auch erfühlen lernen.
3. **Bewegung verändern:** Ausgehend von diesem Bewegungsbewusstsein kann der Reiter Veränderungen initiieren und den Sitz als primäre Hilfe einsetzen lernen.

Übung:
Um zu lernen, die Bewegung des Pferdes zu erfühlen, empfehle ich gerne, sich von einer Hilfsperson führen zu lassen. So kann man sich wirklich ausschließlich auf die Aufgabe der Selbstwahrnehmung fokussieren. Das mag im ersten Moment seltsam erscheinen, schließlich hat man das Ponyreiten ja schon lange hinter sich gelassen. Doch es lohnt sich, diesen (Um-)Weg nochmals zu gehen. Der Reiter macht sich zum blinden Passagier des Pferdes und schult seine eigene Körperwahrnehmung.

Aus dem korrekten mitgehenden Sitz entwickelt sich somit durch diesen Dreischritt der Sitz in seiner Funktion als primäre Hilfe. Der körperbewusste und fühlende Reiter, der das Pferd nicht in seiner Bewegung stört, sondern begleitet, ist somit die Voraussetzung für die logische Einwirkung aus dem Sitz heraus. Erst dann, wenn die Signale aus dem Sitz zum Rest der Hilfengebung passen, wirkt die Mittelpositur des Reiters in deren „magnetischen" Funktion.

Ein Beispiel: Der Reiter hat eine Tendenz, nach rechts zu „hängen", und möchte nun eine Wendung nach links reiten. Die sekundären Hilfen Schenkel und Zügel geben dem Pferd zu verstehen, dass der Reiter nach links möchte. Doch der Schwerpunkt des Reiters sagt dem Pferd nach wie vor, dass es nach rechts zu gehen hat. Das Pferd muss sich jetzt entscheiden: Auf welche Hilfe soll es nun hören?

Die Reiterin hängt nach rechts, eine Linkswendung ist somit schwer möglich. *Foto: Stephanie Strobl*

Ist das Becken zu stark aufgestellt, kommt es zum Hohlkreuz. In dieser Stellung ist eine neutrale Position nicht möglich und es kann keine Verbindung zum Pferd entstehen. *Foto: Stephanie Strobl*

Die äußere sichtbare ausbalancierte Form, in der der Reiter im besten Fall sitzt, unterstützt die funktionale Einwirkung aus dem Sitz heraus. Diese beiden Pole, das, was man von außen beurteilen kann, und die Funktionsfähigkeit des Sitzes im Hinblick auf die Hilfengebung bedingen sich also gegenseitig.

DER SITZ IST DIE PRIMÄRE HILFE

Der Sitz ist die einzige Hilfe, dir wir nicht aussetzen können. Daraus ergibt sich ein unheimliches Potenzial für feines Reiten und eine enorme Verantwortung zugleich.

Alle anderen Schenkel- und Zügelhilfen können wir aussetzen. Der Sitz unterscheidet sich also maßgeblich von den anderen Hilfen. Er wirkt immer auf das Pferd ein, sobald wir im Sattel sitzen. Ungeachtet dessen, ob wir uns dessen bewusst sind oder nicht, das Pferd muss die ganze Zeit filtern. Einmal dreht sich der Reiter, um mit einer Stallfreundin an der Bande zu quatschen, und das Pferd hat gefälligst weiter geradeaus zu laufen, und ein anderes Mal fordern wir auf das gleiche Signal hin eine umgehende Reaktion von Seiten des Pferdes.

Es ist dabei unsere Verantwortung, achtsam mit dem Sitz und der damit verbundenen Einwirkung auf das Pferd umzugehen. Wir müssen uns ständig in unserem Verhalten und unserer Körperausrichtung reflektieren. Die eigene gut ausgeprägte Körperwahrnehmung ist das A und O, damit das möglich ist. Sitzschulung ist also immer mit einer Schulung der Körperwahrnehmung und Körperkontrolle verbunden.

Neben dieser Herausforderung, die der Sitz als primäre Hilfe mit sich bringt, liegt in diesem andererseits auch das Potenzial zu feinem Reiten mit einer Verständigung wie von Zauberhand. Wer den Sitz als primäre Hilfe richtig einzusetzen weiß, erlebt eine einzigartige Verbindung mit dem Pferd. Der Sitz wird zur „Hauptkommunikationsleitung" zwischen Reiter und Pferd. Die Mittelpositur und das Becken des Reiters sind die direkte Schnittstelle zum Pferd.

Auf der Suche nach der magnetischen Verbindung zum Pferd müssen wir anerkennen, dass wir immer wieder für kurze Momente dieses wundervolle Gefühl erleben dürfen. Aber wir müssen genauso akzeptieren, dass es auch wieder verloren geht und vorüberzieht. Wer an dieser Stelle versucht, es krampfhaft festzuhalten, befindet sich erneut in der paradoxen Anspannungsspirale. Leichtigkeit lässt sich nicht erzwingen. Das liegt in der Natur der Sache.

LERNEN, MIT DER KÖRPERMITTE ZU DENKEN

Wir Menschen sind es gewohnt, Probleme mit unseren Händen zu lösen. Wenn es gut läuft, denken wir davor noch kurz drüber nach und dann packen wir es an. Das liegt in unserer Natur und ist in vielen Fällen auch eine absolut berechtigte Herangehensweise. Doch auf dem Pferderücken müssen wir umdenken. Plötzlich sollen wir zuerst über unsere Mittelpositur und das Becken kommunizieren und eben nicht mit den Händen über die Zügel. Das erfordert eine Umgewöhnung, die nicht von heute auf morgen geht. Als gute Reiter müssen wir also lernen, mit unserem Sitz zu denken und immer zuerst aus der Körpermitte heraus zu kommunizieren. Das erste Signal, das wir ans Pferd richten, die erste Hilfe, kommt immer aus dem Sitz. Und erst, wenn diese nicht ausreicht, können wir uns mithilfe der Schenkel und Zügel verständlicher machen.

Auch Pferde, die bisher anders geritten wurden, reagieren darauf. Für sie wird plötzlich einfach klar, was der Reiter da obendrauf will. Wenn die Signale aus dem Sitz mit der Einwirkung der anderen Hilfen übereinstimmen, wird das Pferd den Hilfen nachkommen. Einfach, weil es nicht mehr weiter grübeln muss, was gemeint sein könnte, sondern beispielsweise die Bewegung in die entsprechende Richtung die schlüssige Folgerung ist. Die magnetische Verbindung aus dem Sitz heraus ist dann auch auf jedem reiterlichen Niveau erlebbar.

Egal, ob wir einen Zirkel korrekt reiten oder eine höhere Lektion. Ist die magnetische Verbindung erst mal hergestellt, wird damit alles „leichter". Leider nicht im Sinne von einfacher, aber eben im Sinne der Leichtigkeit. Reiten ist durchaus komplex, aber logisch. Das ist die gute Nachricht: Jeder kann es lernen und irgendwann kommt man in den Genuss, dass das Pferd alles widerspiegelt, was der Reiter tut. Jede Körperausrichtung, Schwerpunktverschiebung und Veränderung der Körperspannung des Reiters hat einen Einfluss aufs Pferd. Erst, wenn wir das für unser Reiten nutzen können, reiten wir wirklich.

Das ist übrigens auch der Punkt, an dem man wirklich versteht und am eigenen Körper erlebt, dass Reiten nicht gleich Reiten ist. Reiten ist nicht gleichzusetzen mit „Obenbleiben" oder „Nicht-runter-Fallen". Reiten ist diese magnetische Verbindung zwischen Reiter und Pferd. Eine Verbindung, die sich magisch anfühlt und die wir alle anstreben sollten. Aber Achtung, dieses Gefühl hat Suchtpotenzial.

Ohne Sattel zu reiten, schult die Wahrnehmung. *Foto: Stephanie Strobl*

Silja Schießwohl ist Centered Riding® Instructorin, studierte Erwachsenenpädagogin und Systemischer Coach. Sie stellte fest, dass das Thema „Sitz" vielerorts zu kurz kommt, und hat daher mit dem „Reitersitz-Workshop" einen umfangreichen Onlinekurs geschaffen, der die Verbesserung des eigenen Sitzes zeit- und ortsunabhängig möglich macht. Durch ein innovatives Lernkonzept, unter anderem mit Audiotrainings, bringt sie das Wissen als erinnernde Stimme beim Reiten ins Ohr der Teilnehmer. Auf ihrer Homepage findet man außerdem einen kostenlosen Sitz-Check.
www.siljaschiesswohl-reitkunst.de

Video zu „Verstehe deine eigene Körperwahrnehmung – Praktische Übung" von Silja Schießwohl

https://www.youtube.com/watch?v=bNCZYJ-levQ&t=4s

Gerittene Osteopathie®

Gemeinsamkeiten von klassischer Reitlehre und manueller Therapie

von Ralf Döringshoff

Foto: Yve Ehler-Klatte

Das Konzept „Gerittene Osteopathie®" ist nichts Neues, sondern letztlich die konsequente Umsetzung der Kernforderungen der klassischen Reitlehre. Bei der Arbeit und reiterlichen Entwicklung des Pferdes stellt die klassische Reitlehre das Wohlbefinden des Pferdes und den Erhalt der natürlichen Grundgangarten in den Vordergrund, sie haben absolute Priorität. Denn hinter der Erhaltung der Natürlichkeit der Grundgangarten steht immer die Erhaltung eines gesunden Pferdes bis ins hohe Alter.

Nur in Harmonie mit dem Pferd kann der Mensch seine Schönheit erhalten und entfalten. Xenophon

Die „Forderung" von Harmonie prägt die klassische Reitlehre. Der Begriff „klassisch" sollte als Synonym für bewährt, beispielhaft, vollkommen stehen und dann offenbart sich: Alle Reitweisen (klassisch, klassisch-barock, Western) haben ihre Berechtigung, weil sie sich bei den entsprechenden Pferdetypen mit bestimmten Exterieurmerkmalen auch langfristig als sehr erfolgreich gezeigt haben. Aber woran wird dieser Erfolg bemessen? Im Sinne der Reitlehren an der Gesunderhaltung der Pferde, auch im Hochleistungsbereich. Die Basis für diesen Erfolg findet sich in den Kernforderungen jeder Reitlehre:

Wohlbefinden des Pferdes und
Erhalt der natürlichen Grundgangarten

Es darf den Menschen schon berühren und auch stolz machen, wenn sich das Fluchttier bei ihm wohlfühlt, das ist die Antwort des Pferdes auf das Verhalten des Menschen ihm gegenüber. Der Fachbegriff der Reitlehre für diesen Anspruch ist die psychische Losgelassenheit, der die physische Losgelassenheit folgt. Die natürlichen Grundgangarten sind für das Fluchttier natürlich elementar, darum betrachten wir diese sehr genau.

Von der natürlichen Bewegung zur gesunden Effizienz

Die natürlichen Grundgangarten sind die Bewegungsmuster, mit denen das Pferd seinen Körper mit den im Verhältnis dazu sehr feinen Beinen so bewegen kann, dass die Beine dabei nicht kaputtgehen, was ja eigentlich fast logisch wäre.

Unlogisch wäre, dass es ein Lebewesen gibt, das von der Bewegung lebt, mit der schnellen Bewegung überlebt, sich dadurch aber selbst kaputtmacht. Die natürlichen Grundgangarten sind also die Bewegungen mit dem geringsten Verbrauch (Energie) und Verschleiß der beteiligten Strukturen.

Mit Blick auf das Wohlbefinden des Pferdes ist der Umkehrschluss von großer Bedeutung:

Die Bedeutung der natürlichen Grundgangarten

Merke:

Je deutlicher eine Gangart von ihrer Natürlichkeit abweicht, umso verbrauchender und verschleißender ist sie für den Pferdekörper!

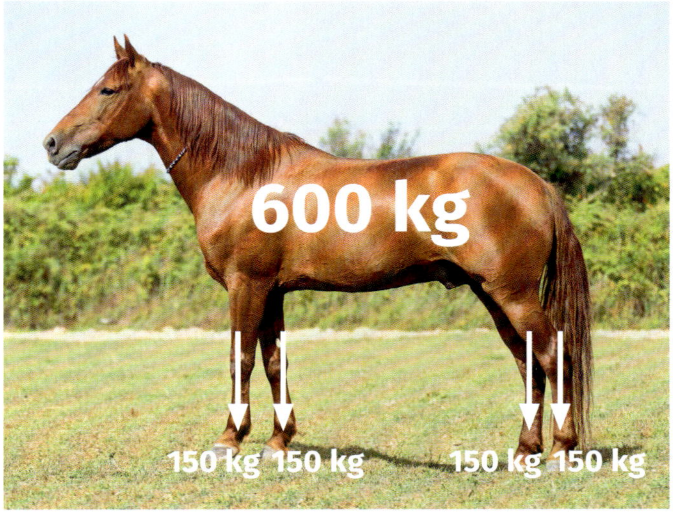

Rechnerisch hat jedes Bein ein Viertel des Gesamtgewichtes zu tragen.
Foto: Christiane Slawik

Dieser Gedanke leitet die osteopathischen Handlungen:

Osteopathie

Os = Knochen
Osteo = den Knochen betreffend
Path = Pathologie

Kranker Knochen?
Path = englisch Weg

Osteopath = der Weg des Knochens

Das wichtigste Befundungsinstrument der (strukturellen) Osteopathie ist die segmentale Bewegungsanalyse. Hierbei sollen unharmonische Bewegungen des Pferdes in den einzelnen Körpersegmenten erkannt werden. Diese beinhalten mit Blick auf die Bedeutung der natürlichen (harmonischen) Bewegungen verschleißende Bewegungsmuster. Der erhöhte Strukturverschleiß führt zu Schmerzen, diese werden vom Pferd durch Kompensationsmechanismen (Muskelverspannungen) und Ausgleichsbewegungen beantwortet, was die Harmonie der Bewegungen immer massiver stört. Die Auswirkungen dieses sich selbst erhaltenden und sich potenzierenden Teufelskreislaufes haben großen Einfluss auf die Psyche des Tieres. Wie muss sich ein Fluchttier fühlen, wenn es sich

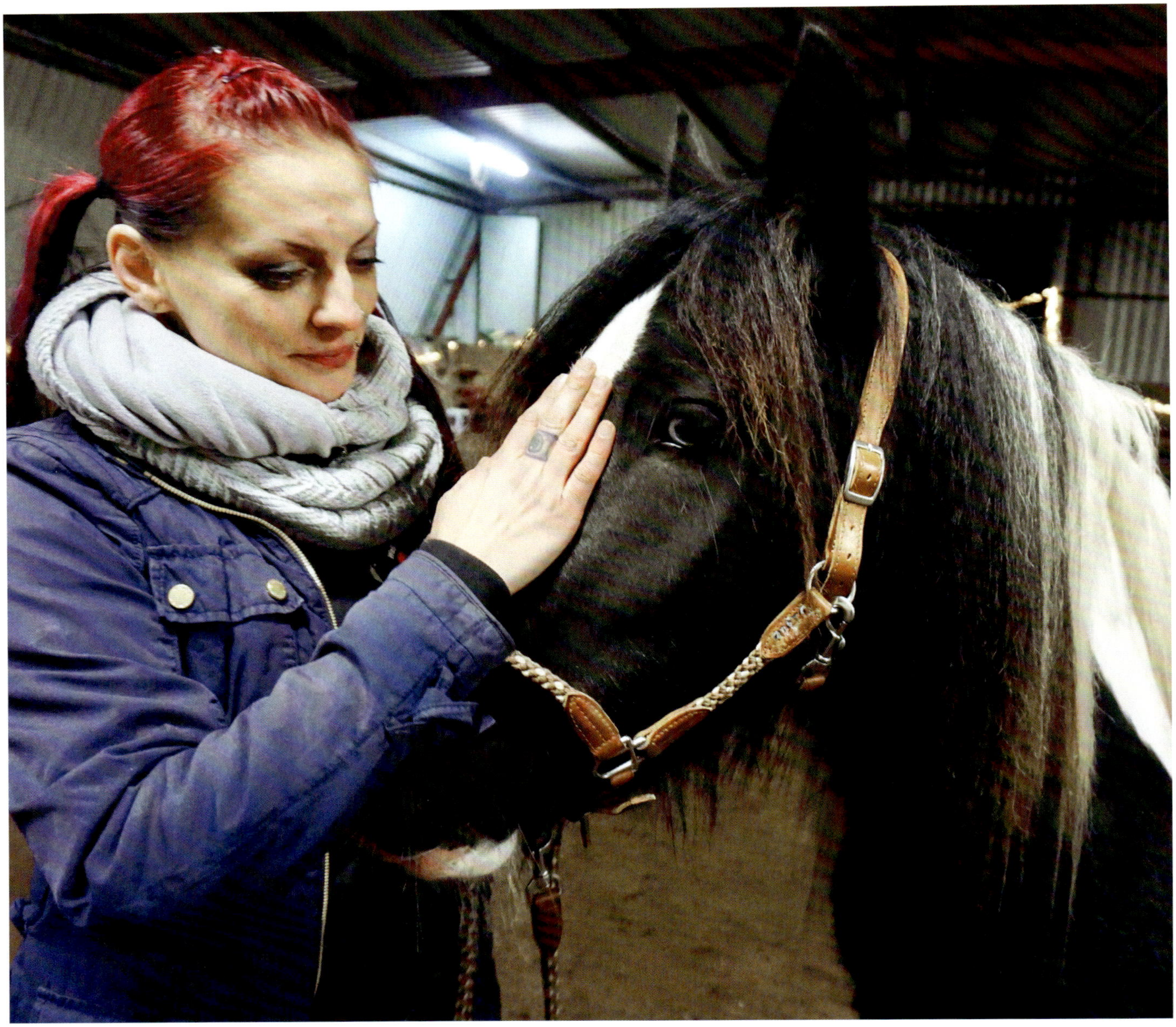

Beim Berühren durch die Fachkraft können sich schon überempfindliche Körperbereiche zeigen. *Foto: Yve Ehler-Klatte*

nicht schmerzfrei bewegen kann? Die Summe dieser Probleme wird dann als Rittigkeitsproblem deklariert und gerne in die Hände der manuellen Therapie gelegt. Nun bemühen sich „pferdefremde" Personen um das, was das Pferd von Natur aus mitbringt: harmonische Bewegungen und den Wunsch, sich wohlzufühlen.

Im Sinne der klassischen Reitlehre ist es die Aufgabe des reitenden Menschen, diese Grundvoraussetzungen für die angestrebte Harmonie zu erhalten und zu fördern. *Ist es da nicht erschreckend, dass die manuelle Therapie inzwischen zur Grundausstattung des „großen" Sportes gehört?*

Osteopathische Handlungen versus Erkenntnisse aus der klassischen Reitlehre

Gleichen wir nun die osteopathischen Handlungen mit den Erkenntnissen und Forderungen der klassischen Reitlehre ab.

1. *Sanft nimmt die Fachkraft Kontakt zum Pferd auf, legt behutsam die Hand auf seinen Körper und wartet auf die Akzeptanz der Berührung.* Erst in dieser Akzeptanz wird das Pferd grundsätzlich entspannen und nun können sich beim sanften „Erfühlen" des Körpers Disbalancen offenbaren. Gleichsam ist das sanft forschende „Streicheln" ein

bekannter „Ausschütter" des Bindungs- und Wohlfühlhormons Oxytocin. So schafft man Nähe, Vertrauen, Beziehung.

Ich durfte meine Ausbildung zum Pferdewirt im Landgestüt Celle machen, dort haben wir die Hengste drei- bis viermal täglich geputzt. Aber es ging nicht primär um saubere Pferde, es ging um einen Besuch des Tieres mit Wohlfühlgarantie. Das Putzen als sanfte Massage mit Beachtung der Reaktion des Pferdes auf die Berührungen ist das Pendant zur ersten Handlung der manuellen Therapie am Pferd.

Im Sinne der klassischen Reitlehre hat jeder am Pferd die volle Verantwortung für das Wohlbefinden des Pferdes. Das erfordert volle Aufmerksamkeit auf das Tier, die gestört wird, wenn das Pferd auf dem Putzplatz „nur" ein Mitbringsel zu einem gesellschaftlichen Anlass ist. So könnte man auch ohne therapeutische Ausbildung wahrnehmen, wie es dem Pferd heute geht.

Bedenke: Die Forderungen der klassischen Reitlehre gehen an den Menschen, nicht ans Pferd.

2. *Auch das gerittene Pferd möchte sich wohlfühlen.* Als reitende Menschen belasten wir den Pferderücken. Dieser hat aber schon eine tragende Funktion: Das erwähnenswert hohe Bauchgewicht des Pferdes hängt, die Anatomie betrachtend, primär an der Lendenwirbelsäule und am Hüfthöcker.

Das enorme Bauchgewicht würde den Rücken nach unten ziehen. *Foto: Christiane Slawik*

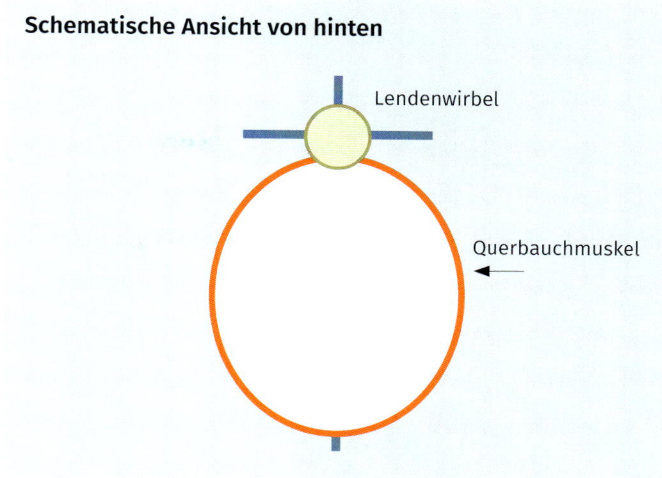

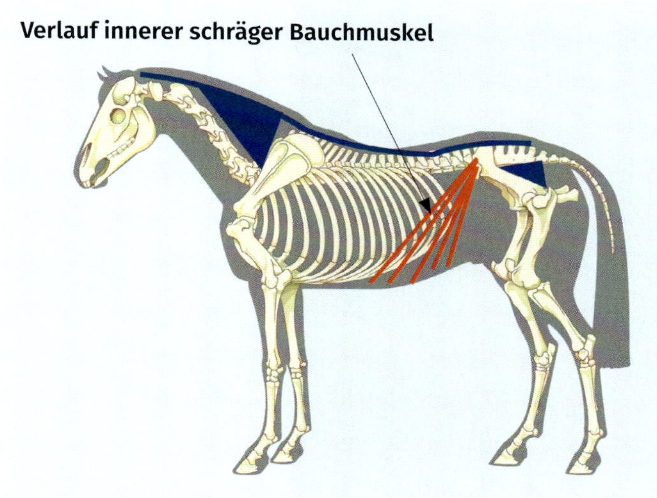

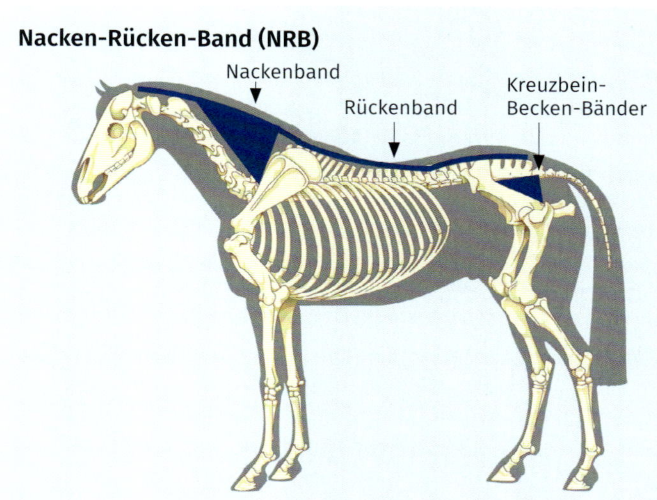

Eine tragende Rolle spielt hier das Nacken-Rücken-Band (NRB). Es wird über die „Hebel" Hals und Kruppe gespannt. *Grafik: Ralf Döringshoff*

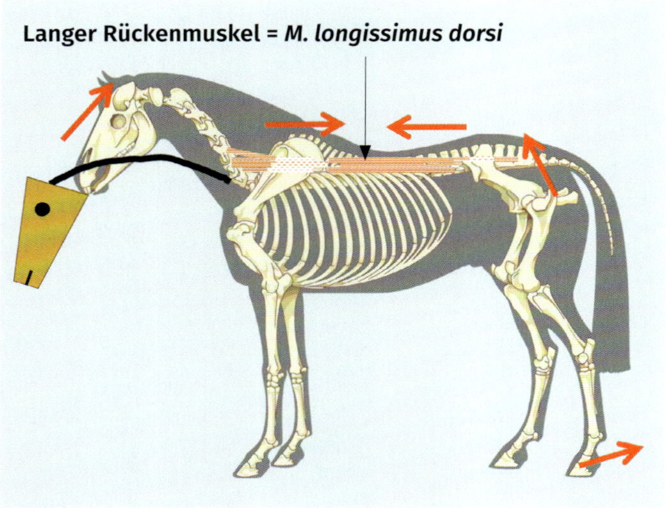

Das ist die reiterlich gesprochen positive Spannung der Oberlinie. Ein Spannungsverlust wird durch Verspannen des langen Rückenmuskels ausgeglichen. So hat das Pferd keine Chance mehr, das NRB unter Spannung zu bringen und damit, reiterlich gesprochen, den Rücken aufzuwölben und unter den Schwerpunkt zu treten. *Grafik: Ralf Döringshoff*

Beim Wäscheleinenmodell sieht man, wie das NRB über Hals und Kruppe gespannt wird. Dabei kommt dem Reiter der Rücken entgegen. *Fotos: Ralf Döringshoff*

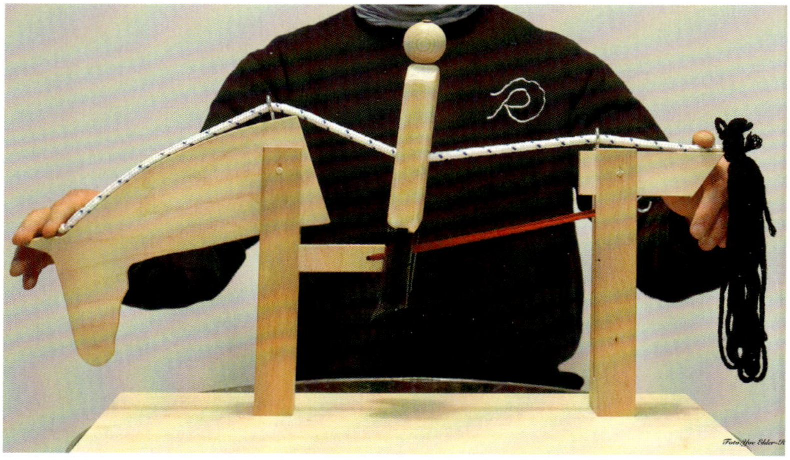

Von der Theorie zur Praxis

Während die manuelle Therapie die sogenannte Schweiftraktion zum Aufbau der Spannung im Nacken-Rücken-Band „von hinten“ einsetzt, „empfiehlt“ die klassische Reitlehre den Einsatz der reiterlichen Hilfen. Neben der wichtigsten Hilfe, der nachgebenden Zügelhilfe (Zulassen des Hebels Hals), hat der treibende Schenkel eine tragende Wirkung. Seine Impulse gehen an den äußeren schrägen Bauchmuskel, der die Kruppe nach unten zieht und so letztlich den Hebel Kruppe „aktiviert“.

Nur mithilfe des Menschen kann das Pferd das Gewicht des Menschen schadlos tragen und sich somit auch mit dem zusätzlichen Gewicht auf seinem Rücken natürlich bewegen und daraus resultierend wohlfühlen.

Genau das sind die Kernansprüche der klassischen Reitlehre, die zwar oft in den Händen der manuellen Therapie liegen, aber letztlich reiterlich erreicht werden können.

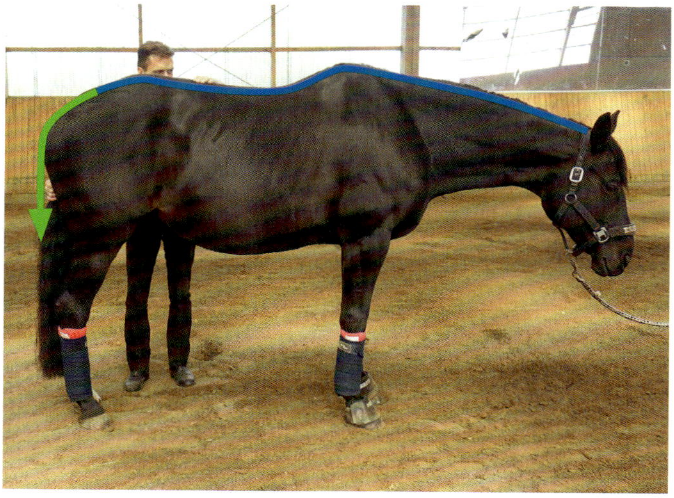

Die Schweiftraktion spannt das NRB von hinten, der lange Rückenmuskel kann entspannen und das Pferd lässt unterstützend den Hals fallen. *Foto: Yve Ehler-Klatte*

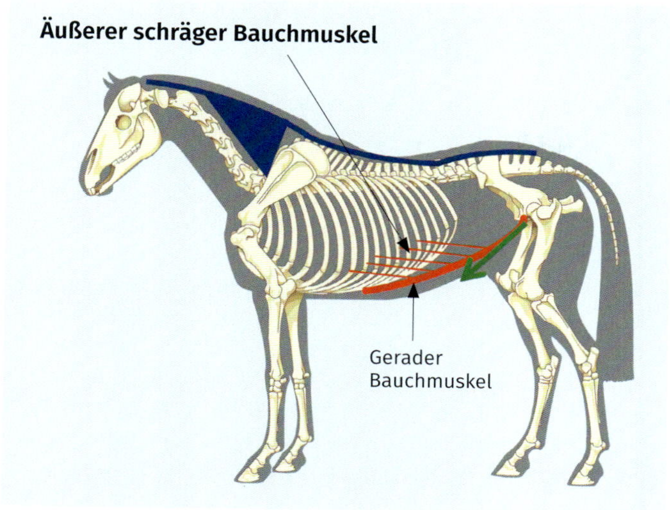

Die treibende Hilfe und die Behandlung „Schweiftraktion" sind von der Wirkung her identisch. *Grafik: Ralf Döringshoff*

Zur Regeneration der passiven Strukturen empfiehlt die Veterinärmedizin die Grundgangart Schritt. Der Schritt ist nicht nur die natürliche Wohlfühlgangart des Pferdes, er gilt auch als therapeutische Gangart. Das betrifft in erster Linie die psychische Komponente, denn in freier Natur geht das Pferd größtenteils im Schritt.

Merke: Kein Pferd flüchtet ernsthaft im Schritt!

Somit lässt sich über die reiterliche Wahl dieser Grundgangart am ehesten die psychische Losgelassenheit erreichen, gleichermaßen ist es die Grundvoraussetzung für ein schönes Reitgefühl oder eine manuelltherapeutische Behandlung.

Eine beliebte globale Behandlungsmethode der strukturellen Osteopathie ist die Oberlinienmobilisation, bei der die Wirbelsäule sanft rhythmisch durchgeschaukelt wird (Abbildung rechts).

Gelenkmobilisation

Ein weiterer Aspekt in der Gerittenen Osteopathie® richtet sich an den Gelenkknorpel. Dieser stellt die Gleitschicht dar, auf der sich die Knochen im Gelenk reibungslos aufeinander bewegen können, wenn der Gelenkknorpel mit der Gelenkflüssigkeit durchtränkt wurde. Dieses Durchtränken des Gelenkknorpels erreicht man mit der gleichen Methode, mit der man einen trockenen Schwamm mit Wasser durchtränken würde. So wie man den Schwamm in der Flüssigkeit einem harmonischen Verhältnis von Druck und Zug aussetzt, durch*walkt*, so sollte der Gelenkknorpel durchwalkt werden. Dieses dafür notwendige harmonische Verhältnis von Druck (Stützbeinphase) und Zug (Hangbeinphase) ist nur in der Grundgangart Schritt *(Walk)* gegeben.

Die Gelenkflüssigkeit (Synovia) gewährleistet nicht nur die Gleiteigenschaften des Gelenkknorpels, wenn dieser durch Walken damit durchtränkt wurde. Sie ist auch die Nährlösung des Gelenkknorpels. Sie wird von der Gelenkkapsel produziert, wenn diese harmonisch bewegt wird. Bei der sogenannten Gelenkmobilisation lässt die strukturelle Osteopathie das Gelenk in ihren Händen Schritt gehen.

Die Harmonie der muskulären Arbeit ist in der Grundgangart Schritt am ehesten gewährleistet. In dieser Situation werden, so postuliert die Forschung, viele Enzyme vom Muskel produziert, die auch Regenerationsprozesse steuern.

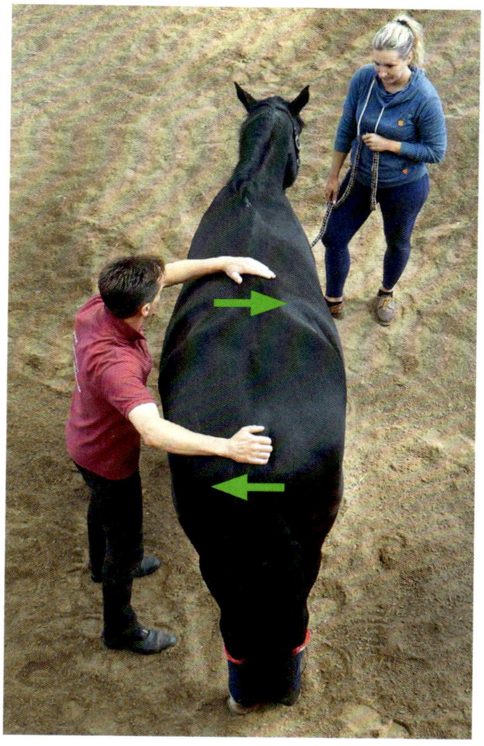

Die Behandlung wird am stehenden Pferd durchgeführt. Die Wirbelsäule wird gemäß den Pfeilen und in Gegenrichtung „geschaukelt". Diese Bewegung entspricht der Bewegung der Wirbelsäule (WS) im Schritt. So lässt der Therapeut am stehenden Pferd die Wirbelsäule (WS) in seinen Händen „Schritt gehen". *Foto: Yve Ehler-Klatte*

All diese Tatsachen berücksichtigend findet sich idealerweise in der täglichen Arbeit der natürliche zeitliche Anspruch der Nutzung der Grundgangart Schritt wieder, dieser liegt hier bei über 80 Prozent.

Allerdings kommen die Vorteile der Schrittarbeit nur zum Tragen und zur Geltung, wenn der Schritt wirklich geritten wird. Darum wird hier großer Wert auf die korrekte Hilfengebung gelegt, damit die reiterlichen Hilfen das sind, was sie im Sinne der klassischen Reitlehre für das Pferd sein sollen: Hilfen.

Die Routinierung der Hilfengebung beim Schrittreiten: Tendenz Entlastungssitz, Nickbewegung begleiten, Bauchpendel unterstützen, lässt das Synonym für Entspannung und Wohlbefinden des Pferdes, das Vorwärts-Abwärts, schnell zur Selbstverständlichkeit werden. *Fotos: Yve Ehler-Klatte*

Warum die Grundlehren der klassischen Reitlehre wichtig sind

Die klassische Reitlehre fordert den Menschen auf, sich mit dem korrekten Sitz so auf dem Pferderücken zu platzieren, dass diese Hilfengebung als solche überhaupt möglich ist. Aus dieser Position heraus mobilisieren die Eigenbewegungen des Pferdekörpers den reitenden Menschen in den Gelenken, aus denen heraus dieser dann die reiterlichen Hilfen geben soll. Zu erwähnen wären hier die Nickbewegung, die den reitenden Menschen in Ellenbogen- und Schultergelenken mobilisiert, das Bauchpendel, das die Kniegelenke des Menschen anspricht, und die Rückenbewegung, die die Hüfte des Menschen so bewegt, als würde er spazieren gehen. Allerdings kommt dieser Effekt nur zum Tragen, wenn die genannten Eigenbewegungen auch zugelassen (Nickbewegung) und unterstützend begleitet werden (Bauchpendel). So macht sich das Pferd seine(n) Reiter(in) locker. Aus dieser Lockerheit heraus kann der Mensch auf dem Pferderücken dann dem Pferd helfen, sich natürlich locker zu bewegen, wohlzufühlen und zu entspannen. Takt und Losgelassenheit stehen im unmittelbaren Zusammenhang mit dem Sitz und der Hilfengebung des Reiters.

Die manuelle Therapie geht mit großem Respekt an das Pferd heran, sie drängt eine Behandlung nicht auf, sie bietet dem Pferd helfende Hände und erfühlt, registriert, was das Pferd gut findet. Das Pferd „leitet" die Behandlung. So leitet das Pferd, wenn man die aktuelle Situation auf physischer und psychischer Ebene berücksichtigt, das Training. Das Konzept der Gerittenen Osteopathie® fordert nicht. Genau wie bei der manuellen Therapie erfolgt ein Fragen, ein Einladen und Erfühlen, diesmal aus dem Sattel heraus, was nötig ist und wie das zu erreichen ist. So wird die „Reitstunde" zu einer klaren Kommunikation zwischen Mensch und Pferd: Der Mensch fragt durch klare, aber feine Hilfengebung, das Pferd antwortet mit „Erfüllen" der Idee, die hinter der entsprechenden Hilfengebung steckt. Hierbei gilt: Im Zweifel ist weniger mehr. Feine Hilfen sind effektive Hilfen. Ein entspannter Körper (Mensch) kann nicht nur sehr feine Signale senden, ein entspannter Körper (Pferd) kann auch sehr feine Signale auf- und annehmen.

Der psychische Effekt beim Menschen

Die feinen, eher fragenden Hilfen haben auch einen psychischen Effekt – zumindest beim Menschen. Hierzu ein Beispiel aus dem Alltag: Stellen wir uns eine klischeebedienende Situation eines Ehelebens an einem Samstagnachmittag vor. Der Mann sitzt im Sessel und liest Zeitung, die Frau bemüht sich um den Garten. Die Frau geht zu ihrem Mann und bittet um einen kurzen Einsatz ihres Mannes. Der signalisiert Bereitschaft, aber die Frau sagt: „Nee, brauchst du jetzt nicht, ich wollte nur wissen, ob ...", und geht ihrer Arbeit weiter nach.

So können die Entlastung eines Beines, die durch Muskelverspannungen erreicht wird, und entsprechende Ausgleichstellungen und -bewegungen (insbesondere auch über die Faszien) durch den Körper ziehen wie das berühmte „Haus vom Nikolaus". Im „Kreuzfeuer" befinden sich nun die inneren Organe, was unter anderem die viszerale Osteopathie auf den Plan ruft. *Foto: Yve Ehler-Klatte*

Das wiederholt sie nach ein paar Minuten. Nach weiteren zwei bis drei solcher vagen Anfragen wird der Mann aufstehen und sagen: „Jetzt machen wir das." Genauso funktioniert es auch beim Pferd. Das ist im Hinblick auf Respekt gegenüber dem Lebewesen Pferd die sinnvollere Handlung als das Fordern und unterstützt eher das Wohlbefinden des Pferdes auf physischer und psychischer Ebene. Dazu ein branchentypisches Beispiel: Ein typisches „Rittigkeitsproblem" ist die einseitig eingeschränkte Bereitschaft des Pferdes für den Anspruch Stellung und Biegung. Diese wird dann gerne mit den Händen fordernd und beibringend vorgegeben. Berücksichtigt werden darf aber, dass mit der Stellung und Biegung zu einer Seite auch eine entsprechende Mehrbelastung des inneren Vorderbeines einhergeht. Die Verweigerung von Stellung und Biegung zu einer Seite kann also ein Hinweis auf ein beginnendes Problem des entsprechenden Vorderbeines sein. Wird nun versucht, das Pferd auszubilden, diese Stellung erzieherisch zu erarbeiten, wird das Vorderbein für seine aktuelle Situation zu stark belastet und überlastet. Die Schonhaltung überlastet das andere Vorderbein und das diagonale Hinterbein. Im weiteren Verlauf wird das vierte Bein überlastet. Der Zusammenhang zwischen den Beinen und den Kiefergelenken ist unstrittig.

Wenn die Erfahrung der Therapeuten aller Fachrichtungen hervorbringt, dass nur circa 10 Prozent der Notwendigkeit manueller Therapie traumatischen Ursprungs sind (unfallbedingt) und über 90 Prozent auf einem schleichenden Prozess durch noch nicht optimale Handhabung des Pferdes und der reiterlichen Ansprüche basieren, dann erscheint doch Folgendes sinnvoll: *Man sollte die reiterlichen Einflüsse korrigieren!* Das betrifft nicht nur die Haltung und Einwirkung auf dem Pferd, sondern auch die mentale Einstellung zum und – damit verbunden – auch die psychische Einwirkung auf das Pferd. Fragen wir uns doch mal, welchen Sinn die reiterlichen Ansprüche für das Pferd selbst haben. Welche Motivation des Pferdes dürfen wir da generell erwarten? Und muss das Pferd wirklich lernen, sich unter uns wohlzufühlen und zu entspannen? Sollten nicht lieber wir lernen, herauszufinden, wie wir handeln müssen, damit das Pferd sich unter uns wohlfühlt? Dürfen wir auf dem Pferd sitzen und fordern oder sollten wir nicht lieber dankbar sein, dass wir dort oben sitzen und lernen dürfen? Jeden Tag aufs Neue bekommen wir die Chance, heute mal etwas besser zu machen!

Wollen wir uns da dem Wahnsinn hingeben und bei gleichen Handlungen unterschiedliche Ergebnisse erwarten? Das Wohlbefinden des Pferdes wird leiden, auf allen Ebenen, wenn das Pferd wohlwollend versucht, die Ansprüche des Menschen zu erfüllen, dabei aber keine Hilfe erfährt, man ihm teilweise wortwörtlich in den Rücken fällt und ihm dann vorwirft, dass es nicht will.

So wie alle Bereiche der Osteopathie dem Pferd signalisieren (sollten): *Ich möchte dir helfen,* darf das im Sinne der klassischen Reitlehre auch der reitende Mensch tun. Und mit dem klaren Wunsch, dem Pferd zu helfen, ändern sich viele Dinge. Dann wird es dem Menschen möglich, die gewünschte Korrektur der Bewegung in die Bewegung zu bringen. Das ist meistens effizienter, als die Bewegung am stehenden Pferd zu verbessern. So offenbart das Konzept der Gerittenen Osteopathie® eine klare Antwort auf die Frage: *Lässt du dein Pferd noch behandeln oder handelst du beim Reiten schon selber?* Es geht dabei nicht nur ums Reiten, sondern um eine Grundhaltung auf dem und zum Pferd, damit wir die Probleme, woher auch immer sie kommen, im Zuge der ganzheitlichen Betrachtung entsprechend handhaben. Dafür muss man keine Lektionen reiten können, die einzige Lektion aus der klassischen Reitlehre hierfür: Selbstdisziplin und Respekt vor dem Lebewesen. Je deutlicher die reitenden Hände handeln, umso höher ist das Risiko, dass die therapeutischen Hände handeln müssen – auch wenn die Handlungen beim Reiten nicht in böser Absicht geschehen.

Ralf Döringshoff ist Pferdewirtschaftsmeister, Leistungssporttrainer, Physiotherapeut und Osteopath für Pferde. Als Fachbuchautor und Dozent für Osteopathie, Biomechanik und Trainingslehre berät er Pferdebesitzer und behandelt Pferde. Er stellt sein Wissen in verschiedenen Fachpublikationen und Fachforen zur Verfügung und schreibt für namhafte Reitmagazine. Als Mitglied in verschiedenen Pferdeexpertennetzwerken hält er praxisnahe Vorträge. Der Reitsimulator „Sikorei®" wurde von ihm entwickelt.
www.gymnastizieren-statt-dressieren.de

Hippotherapie und Gerittene Osteopathie®

Fotos: privat

– zwei Wege, ein Ergebnis?!

Erfahrungsbericht von Kirsten Fleiser

Jeder verantwortungsvolle Reiter trachtet danach, seinen Sitz immer weiterzuentwickeln. Meist beschränkt sich die Sitzkorrektur auf den klassischen Reitunterricht. In erster Linie geht es aber dabei um die eigene Sitzverbesserung. Wenn wir jedoch als Maßstab für einen guten Sitz festlegen, dass das Pferd durch unsere Einwirkung in sein Potenzial gebracht werden soll, dann führen durchaus auch andere Wege zum Ziel. Kirsten Fleiser hat sich auf die Suche nach Methoden gemacht, die weit über den klassischen Reitunterricht hinausgehen und das Pferd auf sanfte Weise fördern. Sie wurde bei zwei Methoden fündig – der Hippotherapie und der Gerittenen Osteopathie®.

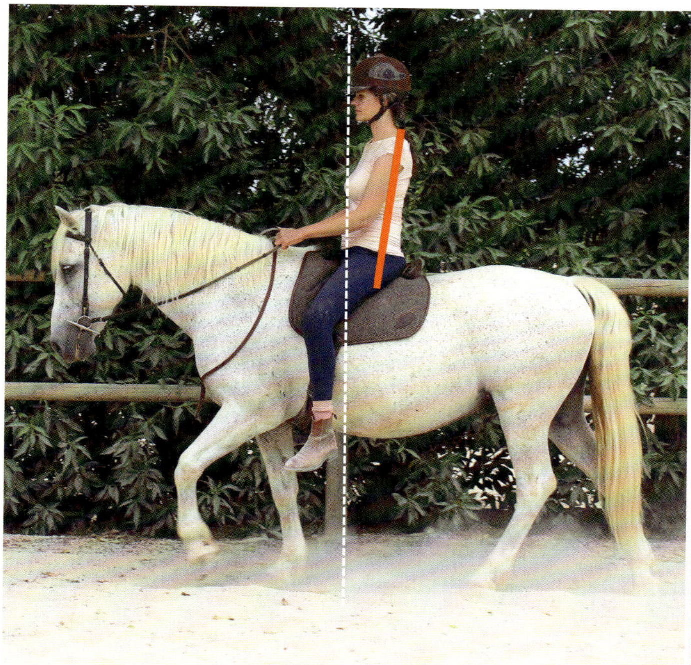

In der Hippotherapie wird der Oberkörper eher zurückgelehnt, in der Gerittenen Osteopathie® eher vorgeneigt. *Fotos: privat*

Der Einstieg in die beiden Methoden ist identisch. Sowohl in der Gerittenen Osteopathie®, bei der durch die reiterliche Einwirkung das Pferd behandelt wird, als auch in der Hippotherapie sprich Physiotherapie auf dem sich bewegenden Pferd wird zunächst im Schritt gearbeitet. Die Bewegung entsteht beim Pferd in der Hinterhand und geht von dessen Becken über die Wirbelsäule zur Vorhand und wird dort abgefedert. Sie endet mit der Pendelbewegung des Pferdekopfes.

In der Gerittenen Osteopathie® folgt der Reiter insbesondere dieser Nickbewegung mit den Armen und übt darüber Einfluss aus. In dieser Kombination mit Sitz- und Schenkelhilfen behandelt er so das Pferd. Später wird dann auch in den höheren Grundgangarten gearbeitet.

Andererseits nutzt die Hippotherapie die Übertragung ebendieser dreidimensionalen Bewegung des Pferdebeckens auf den Körper des Patienten. Diese wird beim Reiter über das Kreuzdarmbeingelenk zur Lende Richtung Brustkorb weitergegeben. Im Bereich der Brustwirbel 12 bis 15 weist das Pferd die maximale Beweglichkeit in Rotation und Seitneigung auf. Weil diese Skelettmobilität im Schritt am höchsten ist und es dem Patienten wohl auch nur selten möglich wäre, wird in der Hippotherapie weder getrabt noch galoppiert. Auch wäre es für das Pferd unangenehm, wenn der Patient nicht mitschwingt oder Angst bekommt und ihm in den Rücken fällt. Nicht zuletzt ähnelt die Schrittbewegung stark dem physiologischen Muster der menschlichen Gehbewegung. So ist es wenig verwunderlich, dass mein eigenes Gangbild trotz Nervenquetschung im linken Bein im Anschluss an die Therapieeinheit deutlich besser war.

Unterschiede der Belastung

Sowohl die Gerittene Osteopathie® als auch die Hippotherapie nutzen Bewegung zum Behandeln beider Teile des Gesamtsystems: Pferd und Mensch. Dabei steht jeweils nur eine Hälfte im Fokus, weshalb die Art des Sitzes deutliche Unterschiede aufweist. So bedient sich die Gerittene Osteopathie® des Entlastungssitzes, um sich von dort dem klassischen Dressursitz anzunähern. Die Körperhaltung beim Hippositz hingegen ist eher zurückgelehnt. Charakteristisch für Letzteren ist das Sitzen auf sehr weit untergeschobenen Pobacken respektive den Hosentaschen. Ist der Rücken des Patienten zunächst eher rund, lautet das Therapieziel, im Laufe der Einheit in die Aufrichtung zu kommen; dabei stabilisieren die tiefen Bauchmuskeln die Wirbelsäule, das Brustbein bleibt angehoben.

Um in beiden Systemen der Bewegung zu folgen beziehungsweise diese nur bis zu einem gewissen Grad zuzulassen und auch wieder abzufangen, hilft die Selektivität – sprich, ein Körperteil ist

Unterschiede zwischen der Gerittenen Osteopathie® und der Hippotherapie

Gerittene Osteopathie®	Hippotherapie
Reiter therapiert Pferd unmittelbar osteopathisch (Lektionen, die manuelle Bewegungen des Therapeuten nachahmen)	Humanphysiotherapie auf dem Pferd, bei welcher der Bewegung des Pferdes gefolgt wird
mit Sattel und Bügel für Entlastung, federnde Gelenke, Schwerpunktverlagerung	mit Reitpad ohne Bügel und baumelnden Beinen
Wechsel von Entlastungssitz und klassischem aufrechtem Dressursitz	Hippositz mit eher untergeschobenen Pobacken und abgekipptem Becken – kein Reitsitz
begleitet die manuelle Behandlung des Pferdes durch den Therapeuten	hat mittelbar positive Auswirkung auf den Pferdekörper durch Anweisungen und Körperübungen beim Reiter
horizontale und vertikale Balance werden durch den Reiter gefördert	das Pferd gleicht die Reiterbewegung aus und sorgt für Balance des Gesamtsystems
benötigt Anlehnung, um Spannung ins Pferd zu bringen	Zügel hängen durch, das Pferd wird geführt
ins Pferd spüren	in sich selbst hineinspüren

stabil, während ein anderer beweglich bleibt. Auch kommt das Pferd so weniger aus seinem Gleichgewicht und muss weniger Instabilität des Menschen kompensieren – mit dem Unterschied, dass ein Hippotherapie-Patient nicht in der Lage ist, einen bestehenden Beckenschiefstand beim Pferd zu kompensieren. Er würde ins Rutschen geraten – im Gegensatz zum gesunden Reiter der Gerittenen Osteopathie®, der sich selbst und damit das Pferd stabilisieren kann.

Der physiologische Sitz auf dem Pferd entsteht aus den 3-D-Bewegungen des Pferderückens in den drei Ebenen vorne/hinten, rechts/links und oben/unten und wird zuerst auf Hüfte, Becken und Lende des Reiters weitergegeben. Im Körper des Patienten führt dies zu einer Tonusregulierung, entweder entspannender oder kräftigender Natur. Sowohl beim Pferd als auch beim Reiter ist eine freie Gelenkbeweglichkeit wünschenswert. Nur so ist es möglich, sich selbst mit statt lediglich auf dem Pferd zu bewegen. Leider ist das Pferd-Reiter-System von beiden Seiten her anfällig, dieses Gleichgewicht zu verlieren.

Dysfunktionen beim Reiter wirken sich ungünstig auf das Pferd und seine Bewegungsmuster aus. Bestehen zum Beispiel aufgrund einer sitzenden Tätigkeit, eines Unfalls oder einer Narbe einseitige Verspannungen im Bereich der Lendenmuskulatur, entsteht eine ungleiche Gewichtsverteilung, die die Kommunikation zum Pferd stört.

Genauso begrenzt eine einseitige Verspannung im Bereich der Lendenmuskulatur des Pferdes, zum Beispiel aufgrund von Wegrutschen auf der Weide, einseitiger Fresshaltung, Organstörung etc., die 3-D-Bewegung, die aus dessen Becken kommt. Der Reiter sitzt deshalb vermehrt auf einer Seite oder auch der Sattel verlagert sich, weshalb das Pferd die geforderten Aufgaben nicht mehr adäquat umsetzt.

Unter dem Aspekt der Verbesserung des eigenen Reitersitzes empfiehlt es sich daher selbst bei gesunden Menschen und Pferden, mit einer Einheit Hippotherapie zu starten. Der „Quasi-Patient" sollte danach freier in seinen Bewegungen sein und folglich auch dem Pferd größere Bewegungsamplituden ermöglichen sowie Entspannung in die Arbeit bringen. Daran schließt sich die Gerittene Osteopathie® an, die auf die Verbesserung des Pferdes über die Sitzkorrektur zielt, die in der Entspannung auch deutlich einfacher umzusetzen ist. Wenn sich das Pferd daraufhin selbst wieder physiologischer bewegt, wird die nächste Korrektur der eigenen körperlichen Baustellen mittels Hippotherapie noch erfolgreicher sein.

Positive Effekte auf beiden Seiten

Der wesentliche Unterschied der Hippotherapie zum aktiven Reiten ist, dass der Reiter passiv bleibt und dem Pferd keinerlei Hilfen gibt. Im Gegenteil – das Pferd übernimmt die aktive

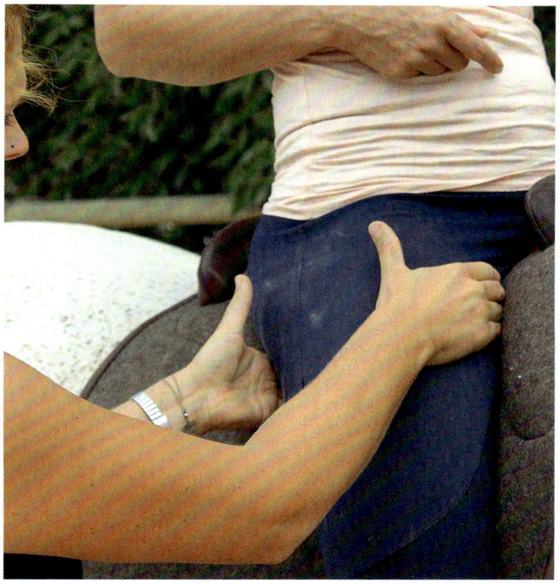

Drückt man von hinten in den Oberschenkel, wird im Hüftgelenk die Rotation stimuliert. Das Becken kommt weiter nach vorne, die Pferdebewegung kann mehr folgen. *Foto: privat*

Bewegung. Die Schrittdynamik des Pferdes wirkt sich positiv auf den muskuloskelettalen Bewegungsapparat inklusive neuronaler Verschaltung beim Menschen aus.

Zunächst wird die „LBH-Region" (Lendenwirbelsäule, Becken und Hüftgelenke) mobilisiert. Alleine durch das Mitgehen in der Bewegung und das Stabilisieren des eigenen Rumpfes arbeiten wir an der berühmten Mittelpositur.

Das Lockern der verspannten Muskulatur bei gleichzeitiger Kräftigung der geschwächten Muskulatur verbessert die Körpersymmetrie und zeigt sich in verminderter Schiefe des Menschen. Durch die taktile oder auch verbale Unterstützung des Therapeuten verbessert sich die Aufrichtung des Reiterkörpers in der Längsachse. Die gesteigerte Aufrichtung der Wirbelsäule ermöglicht als Folge auch dem Pferd, weniger kompensieren zu müssen beziehungsweise gerader unterwegs zu sein.

Das Pferd profitiert vom Ausgleich zwischen Rumpfstabilität und genügend Lockerung im LBH-Bereich. Der Patient folgt dann den dreidimensionalen Bewegungen des Pferdes, insbesondere jenen in der Sattellage. Dadurch kann das Bauchpendel freier schwingen und das wiederum löst den Übergang von Brust- zu Lendenwirbelsäule beim Pferd. Als direkte Folge entspannt dessen Zwerchfell und das Pferd atmet hörbar tiefer bis hin zum Abschnauben.

Auch im Ganzen kann sich das Pferd freier bewegen. Dieser positive Nebeneffekt entsteht durch den therapeutisch verbesserten Sitz des Patienten. Wenn die Hippotherapie das bei körperlich eingeschränkten Personen vermag – was ist dann erst bei gesunden Reitern möglich?! Ein einfaches Beispiel zum Nachmachen: Statt zum Anreiten mit den Schenkeln treibend einzuwirken, einfach mal

Übung zur Überprüfung der Stabilisierung

Folgende Übung ist sehr effektvoll, um zu überprüfen, ob Ober- und Unterkörper voneinander entkoppelt sind: Beide Hände fassen in Brusthöhe ineinander und unter Beibehaltung der Hüftposition dreht der Oberkörper nach rechts und links zur Seite. Dadurch soll dem berühmt-berüchtigten Einknicken in der Hüfte entgegengewirkt werden.
Foto: privat

Die Hüftbeweglichkeit unterscheidet sich nach der Korrektur beziehungsweise wird anders kompensiert. *Fotos: privat*

Ebenfalls auf der Insel habe ich das Konzept der Gerittenen Osteopathie® mit Ralf Döringshoff umgesetzt. Auch dabei wurde zunächst das Gangbild des Reiters begutachtet – allerdings gut getarnt, während ich das jeweilige Pferd auf dem Platz zwecks Befundung mehrfach auf und ab führen sollte.

Bei der Arbeit mit Hippotherapeutin und Humanphysiotherapeutin Anne Draeger an mir beginnen wir entweder mit manueller Therapie, um meinen Körper auf die Reiteinheit vorzubereiten, oder umgekehrt mit der Einheit auf dem Pferd, um mich aufzuwärmen. So war ich beispielsweise zunächst rechts noch fest und knickte auch sichtbar ein, weshalb ich der Bewegung des Pferdes nur einseitig folgen konnte. Entsprechend verbal angeleitet habe ich dann ein wenig auf dem Pony geturnt, um mich mithilfe der Pferdebewegung selbst zu mobilisieren.

Die Übung sah folgendermaßen aus: Immer dann, wenn der Pferdebauch nach links gependelt ist, musste ich diesem mit dem rechten Bein folgen und gleichzeitig den rechten Arm nach oben strecken, um eine Dehnung zu erzeugen. Diese Art der Aktivierung ist besonders wertvoll, denn danach war ich deutlich besser in der Lage, in der Bewegung mitzugehen – auch wenn man ja gleichzeitig eher stabil sein soll, um das Pferd nicht aus dem Gleichgewicht zu bringen. Folglich musste das Pony meine Unzulänglichkeiten nicht mehr kompensieren und konnte seine eigene Physiologie beibehalten.

Neben meinem verbesserten Körpergefühl hat mich besonders beeindruckt, dass Thor, mein pferdischer Partner und Co-Therapeut, immer freier ins Schreiten kam und den Hals fallen ließ. Für ihn als PRE mit – wenn auch optisch verborgenem – Cartujano-Anteil eher eine Herausforderung. Dazu

durch Losgehen mit den eigenen Sitzbeinhöckern im Sattel das Pferd in Gang setzen.

Durch Erkennen der eigenen körperlichen Schwächen und mittels Sensibilisierung der Wahrnehmung des Körpers als Vehikel für reiterliche Hilfen wird bereits mit einer therapeutischen Einheit der Reitersitz verbessert. Und das, obwohl der Hipposizt kein Reitersitz ist und sich auch nicht als solcher versteht.

Allerdings war es mir ebenfalls möglich, in nur einer Einheit Gerittener Osteopathie® meinen Sitz mehr ins Lot zu bekommen und mich dem klassischen Dressursitz anzunähern, auch wenn das erklärte Ziel die Behandlung und Verbesserung des Pferdes war. Auch hier spielte das Bauchpendel (Seitneigung mit Rotation) eine im wahrsten Sinne gewichtige Rolle.

Eigene Erfahrung

Aufgrund meiner eigenen körperlichen Disposition gönne ich mir regelmäßig Einheiten auf der Finca Caballo Blanco auf Mallorca – jeweils Anwendungen auf der Behandlungsliege in Kombination mit Hippotherapie. Zunächst wird dafür mein Gangbild analysiert.

Übungen wie Armstrecken fördern, dass man lockerer wird, aber gleichzeitig stabiler und man kann dadurch den Bewegungen des Pferdes besser folgen. *Fotos: privat*

hat er zufrieden abgeschnaubt und war trotz durchhängenden Zügeln voll bei der Sache und blieb stets kooperativ. Durch das „Ganz-bei-mir-Sein" lag auch weniger Fokus und Erwartung auf ihm. Dennoch waren wir beide deutlich mehr im Hier und Jetzt und auch diese Geisteshaltung hat uns als Einheit gutgetan. Sein Verhalten unterschied sich deutlich von jenem bisher beim Lektionenreiten. Mittlerweile zeigt sich diese mentale Entspannung sogar in den „echten" Reitstunden.

Auch in der Gerittenen Osteopathie® waren die Ergebnisse durchaus ähnlich. Hier wurde die Entspannung durch Entlastung und zwischenzeitlich bewusst versammelnde Anspannung erreicht. Gemeinsam war dabei beiden Herangehensweisen, dass durch die bewusste und gezielte Einwirkung beide Fasziensysteme zu einem einzigen verschmolzen sind und in Resonanz kamen.

Kirsten Fleiser, die Versicherungsbetriebswirtin aus Köln, wandte sich nach einem Sabbatjahr in spanischen Reitbetrieben immer mehr der Gesunderhaltung von Pferden zu. Es folgten Qualifizierungen zur zertifizierten Trainerin für Dual-Aktivierung® und Equikinetic® sowie zur APM-Therapeutin nach Penzel für Pferde und zur equinen Bowen-Anwenderin. Neben ihrer Moderatorentätigkeit setzt sie sich insbesondere auf Mallorca für die Verbreitung von pferdefreundlichem Wissen ein.
www.caballance.de

Der **geschmeidige** Sitz

– wie wichtig der passende Sattel ist

von Jochen Schleese
(Sattlermeister und Sattelergonom)

Ich habe sehr oft von Reitern gehört: „Ich habe meinen Sattel schon mehrere Jahre. Er passt perfekt für mich und jedes Pferd, das ich reite. Ich habe ihn noch nie anpassen müssen." Ich musste mir auf die Zunge beißen bei dieser Aussage, aber ich habe gelächelt und gesagt: „Du Glücklicher!" Die meisten Menschen realisieren gar nicht, wie sehr sie sich selbst und ihren Pferden schaden können. Tatsache ist, dass es immer noch Sättel am Markt gibt, die die Entwicklung und die Bewegung des Pferdes behindern können, aber in einem haben diese Aussagen recht: Die Sättel sind noch immer so angepasst, wie sie sie neu gekauft haben.

Es gibt immer noch Menschen, die argumentieren, dass es keinen physischen Unterschied zwischen dem männlichen und dem weiblichen Becken gibt – wenn es um Sättel geht. (Beängstigend – und einige von ihnen sind sogar Pferdefachleute!)

Es gibt viele Probleme in der heutigen modernen Sattelkonstruktion aufgrund folgender Tatsachen:

a) Menschen werden schwerer (größer).

b) Derzeit gibt es mehr Pferdebesitzer als Pferdemenschen oder Horsemen (-women), was bedeutet, dass uraltes Wissen über die Pferdehaltung möglicherweise verloren gegangen ist.

c) Der Sitzbereich des Sattels wird kleiner (Pferde werden mit kürzerem Rücken gezüchtet, wodurch ein kleinerer Bereich für den Sattel übrig bleibt).

Foto: Maresa Mader

d) Die Struktur von Sattelbäumen und Sattelkissen ist von ihrer ordnungsgemäßen Funktion abgewichen. Die Seiten der Sattelbäume sind zu schmal für eine angemessene Tragfläche und die Kissen sind im Allgemeinen viel zu weich, um die zu schmalen Baumseiten wirklich auf der Sattelauflagefläche des Pferderückens zu stützen. Die Kissen müssen fest sein, damit sie stützen und schützen können.

Fakt ist, dass sich der Pferdekörper im Laufe seiner Entwicklung verändert – besonders im Alter von dreieinhalb bis acht Jahren. Das Tier würde unnötige Schmerzen und langfristige Rückenschäden erleiden müssen, wenn der Sattel im Laufe der Pferdeentwicklung nicht angepasst werden würde. Dazu gehört, dass einmal im Jahr der Sattel auf korrekte Anpassung überprüft wird – und das ist eine Mindestanforderung –, um eine kontinuierliche Gesundheit und damit verbundene Leistung zu gewährleisten.

Dr. Joyce Harman stellt in ihrem Buch „The Horse's Pain-Free Back and Saddle-Fit Book" fest, dass gegebenenfalls je nach Disziplin, Sattelmodell und Reitstil Anpassungen so oft wie möglich (auch monatlich) vorgenommen werden müssten.

Das häufigste Dilemma bei der Sattelanpassung ist, ob der Sattel zuerst dem Reiter oder zuerst dem Pferd angepasst werden sollte. Oberst Alois Podhajsky, von 1939 bis 1964 Direktor der Spanischen Hofreitschule in Wien, erklärte dazu: „Der Sattel darf dem Reiter keine Beschwerden bereiten. Bei einer unbequemen Haltung ist es unmöglich, einen geschmeidigen Sitz zu erreichen. Ohne einen geschmeidigen Sitz ist es nicht möglich, eine Schwingung des Pferderückens zu erreichen. Wenn der Pferderücken nicht schwingen kann, leidet das Pferd unter Schmerzen und kann sich nicht versammeln." Punkt ist: Der Sattel muss sowohl dem Reiter als auch dem Pferd passen. Das heißt, der Sattel muss auch geschlechtsgerecht angepasst sein.

Hinter der Bewegung

Wir haben es alle schon im Unterricht gehört, aber was heißt es und – wichtiger ist – wie wirkt es sich auf Sie, Ihr Pferd und das Reiten aus? Als Reiter suchen wir alle eine harmonische Verbindung mit unseren Pferden, in der wir uns als eine Einheit bewegen, ohne von irgendetwas belastet zu werden. Dieses harmonische Gefühl der Bewegung mit dem Pferd ist, in der Bewegung zu sein.

Sowohl das Pferd als auch der Reiter haben einen Gleichgewichtspunkt. Beim Pferd befindet sich dieser am Ende des Sternums (Brustbeins). Beim Menschen ist er auf der Vorderseite des Brustbeins. Wenn diese beiden Gleichgewichtspunkte aufeinander ausgerichtet sind, können wir mit der Bewegung des Pferdes mitschwingen.

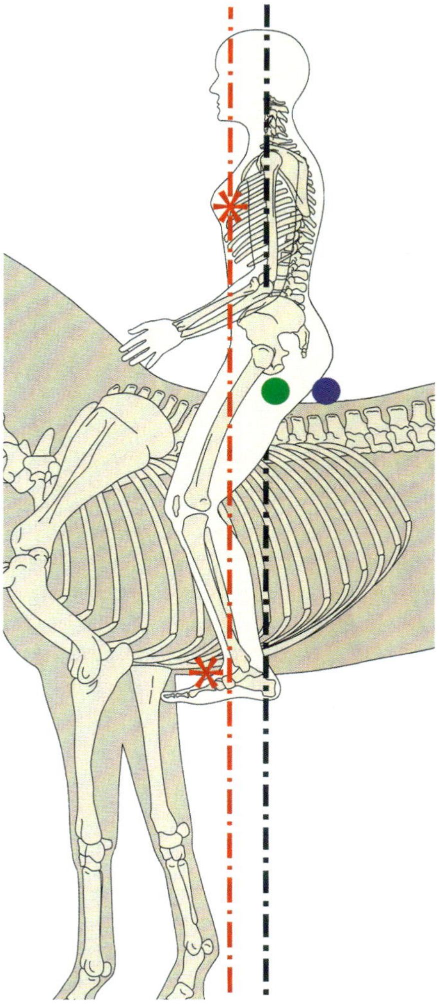

Sind die beiden Gleichgewichtspunkte des Reiters (vor dem Brustbein) und des Pferdes (am Ende des Brustbeins) aufeinander ausgerichtet, schwingt der Reiter mit dem Pferd in der Bewegung mit. Zu weit vorne geneigt (vor der Bewegung) und zu weit nach hinten geneigt (hinter der Bewegung) ist ein Mitschwingen nicht möglich. *Grafik: Jochen Schleese*

Sitzen Sie zu weit hinten, sind Sie hinter der Bewegung, werden herumgeschleudert, können daher nicht sanft mit einem geschmeidigen Sitz sitzen und fallen stattdessen wie ein Sack Kartoffeln in den Sattel. Wie wirkt sich der Sattel darauf aus? Die meisten Sättel haben heute die Gleichgewichtspunkte zu weit hinten. Das bedeutet, dass der Sattel den Reiter zu weit hinten platziert und das verhindert, dass der Reiter sich im harmonischen Gleichklang mit dem Pferd bewegt.

Das Video „What does it mean to ride in front or behind the action" zum Artikel finden Sie unter: https://www.youtube.com/watch?v=97RDTkKoruU

In Kombination mit einem geschlechtsunabhängigen Sattel können wir uns jetzt nicht einmal mehr vorwärtsbewegen, ohne Schmerzen und Beschwerden zu haben, was wiederum einen geschmeidigen Sitz verhindert und uns daran hindert, mit der Bewegung des Pferdes mitzugehen.

„Leg das Bein zurück!"

Sie haben sicherlich schon gehört, dass diese Aufforderung über den Reitplatz oder in der Reithalle geschrien wurde. Aber wussten Sie, dass dieses „Bein-vorwärts/Stuhlsitz"-Phänomen nicht durch mangelnde Fähigkeiten oder schlechte Körperhaltung des Reiters entsteht? Stuhlsitz und Bein-vorwärts sind Symptome einer schlechten Passform des Sattels für den Reiter. Die meisten Sättel werden für Männer hergestellt und deshalb ist es kein Wunder, wenn Frauen, die in solchen Sätteln sitzen, nie die richtige Position erreichen können. Das Resultat – kein geschmeidiger Sitz!

Stellen Sie sich vor, Sie sitzen auf einer Satteldachspitze. Als Mann können Sie Ihre Geschlechtsteile von links nach rechts verschieben, um zu verhindern, dass diese gequetscht werden. Eine Frau kann das nicht. Warum werden dann – bei einer größer werdenden Anzahl Reiterinnen – immer noch Sättel mit breitem Twist, schmalem Sitz, schmaler Naht und Sattelmatratze angefertigt? Keine Frau will in einem Sattel reiten, der gegen das Schambein drückt oder die Sitzknochen nicht stützt, weil der Sitz zu schmal ist. Damit eine Frau sich in einem Männersattel wohlfühlen kann, muss sie weit zurückrutschen, um

- die empfindliche Leistengegend zu entlasten,
- einen breiteren Teil des Sitzes zu suchen, der die Sitzknochen stützt, die weiter auseinanderliegen als die der Männer,
- einen breiteren Nahtbereich zu suchen, damit dieser nicht in die Unterwäschelinie hineinrutscht,
- auf den eigentlichen Sitzknochen zu sitzen und nicht im empfindlichen Bereich des Schritts.

Dieses Zurückrutschen verursacht jedoch zahlreiche andere Probleme:

- Das Bein wird von der Sturzfeder nach vorne gezogen, weil die meisten Frauen längere Oberschenkel als Unterschenkel haben.
- Es entsteht eine Stuhlsitzposition, die verstärkten Druck auf die Lendenwirbelsäule des Pferdes ausübt, und
- sie können keinen geschmeidigen Sitz erreichen, da die Ausrichtung von Schulter, Hüfte und Ferse fehlt.

Eine Möglichkeit für Frauen ist, das Becken nach hinten zu rollen, aber das kann verheerende Auswirkungen auf die Reiterin haben. Viele Studien zeigen, dass der physische Schaden für einen Reiter, der nicht richtig ausgerichtet ist, sehr groß ist. Es können folgende Schäden entstehen:

- Bandscheibenvorfall,
- Harnwegsinfektion,
- Nierenentzündungen,
- Hüftschmerzen,
- Knieschmerzen.

Während der Reiter die Schulter-Hüfte-Ferse-Ausrichtung zu erreichen versucht, kann er den Rücken nicht mehr entspannen und das wiederum verhindert einen geschmeidigen Sitz.

Ein nicht richtig angepasster Sattel kann zum Stuhlsitz beim Reiter führen und folglich zu Schmerzen beim Pferd. *Foto: Christiane Slawik*

Folgen für den Reiter

Wir alle wissen, was passiert, wenn der Sattel nicht zum Pferd passt, aber was passiert, wenn der Sattel nicht zum Reiter passt? Wenn der Sattel an das Pferd angepasst ist, aber nicht an den Reiter, wird das Pferd durch das Ungleichgewicht des Reiters Schmerzen haben. Je nachdem, wie schlecht der Sattel dem Menschen passt, kann der Sattel auch Schäden erleiden. Vom zerrissenen Leder bis zu verdrehten Sattelbäumen – all das hat einen direkten Einfluss auf das Pferd.

Wenn der Sattel den Reiter zu weit hinten platziert, entsteht ein übermäßiger Druck in der Lendenwirbelsäule, der Reiter kann sich nicht mit dem Pferd mitbewegen und fällt ihm in den Rücken. Gleicht der Sattel die Ungleichmäßigkeit des Reiters nicht aus, bewirkt der Reiter, dass sich der Sattel verschiebt und somit Disbalancen beim Pferd entstehen. Das Pferd kann unter Folgendem leiden: Atrophie, einem

Dem Pferd ist es unmöglich, seinen Rücken zu bewegen. Es hat möglicherweise einen Viertaktgalopp, einen lateralen Gang, verkürzte Schritte, tritt nicht unter und entwickelt mit der Zeit (durch die Verspannung im Rücken) einen Unterhals. *Foto: Christiane Slawik*

veränderten Gangbild, ungleichmäßigem Muskelaufbau, Rippensubluxation, auf einer Seite schwächeren Gängen und der Unfähigkeit, auf einer Seite im Galopp einzuspringen.

Wenn der Sattel keine Unterstützung bietet, neigt sich das Becken des Reiters eher nach hinten, wodurch sich die Wirbelsäule abrundet. Obwohl Schulter, Hüfte und Ferse ausgerichtet sind, handelt es sich um eine falsche Ausrichtung, da der Rücken nicht entspannt ist. Der Sitz ist nicht geschmeidig und bewegt sich nicht frei mit dem Pferd. Das Pferd leidet, wenn der Reiter ständig versucht, in die Bewegung des Pferdes zu kommen, es aber nicht schafft. Der Sitz wird schwierig, da er die richtige Balance nicht findet, nicht mit der Bewegung des Pferdes mitgehen kann und das Pferd im Maul stört oder in dessen Rücken fällt.

An den Schmerz gewöhnt

Kein Wunder, dass bei den meisten Sätteln (die in erster Linie für Männer hergestellt wurden) viele ReiterInnen sich so an das Unbehagen gewöhnt haben, dass es zur Norm wurde. ReiterInnen denken, dass es normal ist, wenn

- ihre Hüftgelenke nach dem Reiten schmerzen,
- ihre Knie schmerzen,
- ihr Rücken wund ist,
- sie aufgeschürfte Stellen und blaue Flecken an den Oberschenkelinnenseiten haben,
- sie sich weit zurück in den Sattel setzen müssen,
- sie ihr Bein verkrampfen müssen, damit sie die Zehen zum Pferd drehen können.

ReiterInnen suchen die Schuld bei sich selbst, wenn sie

- sich nicht mit der Bewegung des Pferdes mitbewegen,
- hinter der Bewegung sitzen,
- ihr Bein nicht unterbekommen,
- das Pferd nicht in jede Gangart bekommen,
- weder Trab noch Galopp aussitzen können.

Reiten soll und darf nicht wehtun!

Schmerzen sollen nicht zur Normalität werden und sie sollten nicht akzeptiert werden. Ein schneller Weg, um festzustellen, ob Ihr Sattel zu Ihnen (und Ihrem Pferd) passt, ist, am tiefsten Punkt zu sitzen und sich zu fragen, ob Sie sich wohlfühlen. Setzen Sie sich mit geradem Rücken so, dass die Spitzen der Wirbel parallel zum Boden sind. Setzen Sie sich im Sattel in die gleiche Position, als ob Sie mit gebeugten Knien stehen würden. Wenn Sie bequem sitzen können, ohne Ihr Becken zurückzurollen, sich im Sattel verschieben und Sie Ihr Bein in eine bestimmte Position bringen können, haben Sie einen guten Start. Wenn nicht, sollten Sie einen Sattel finden, in dem Sie sich wohlfühlen.

Foto: Michelle J. Powell

Jochen Schleese wurde mit 22 Jahren zertifizierter Sattlermeister und kam 1986 als offizieller Sattler zur Dressurweltmeisterschaft nach Kanada. Seitdem lebt und arbeitet er in Kanada und entwickelte dort gemeinsam mit der kanadischen Regierung eine dreijährige Ausbildung für den Beruf des Sattlers. Mit über 80 verschiedenen Modellen, die im Lauf der Jahre entwickelt wurden, ist Schleese Saddlery Service der weltweit führende Hersteller von Sätteln für Frauen, spezialisiert auf die weibliche Anatomie beim Reiten. Jochen Schleese hat das Buch „The Silent Killer" geschrieben, ein Standardwerk über die richtige Sattelvermessung. Sein Programm „Saddlefit 4 Life®" schult weltweit Reiter, Tierärzte, Osteopathen und Berufsreiter und vermittelt ihnen das notwendige Wissen zum Thema Sattel.
www.saddlefit4lifeacademy.com
www.schleese-sattel.de

Reitsimulatoren & Sitztrainer

Mechanische Sitzkorrektur zum Reitunterricht?

von Kirsten Fleiser

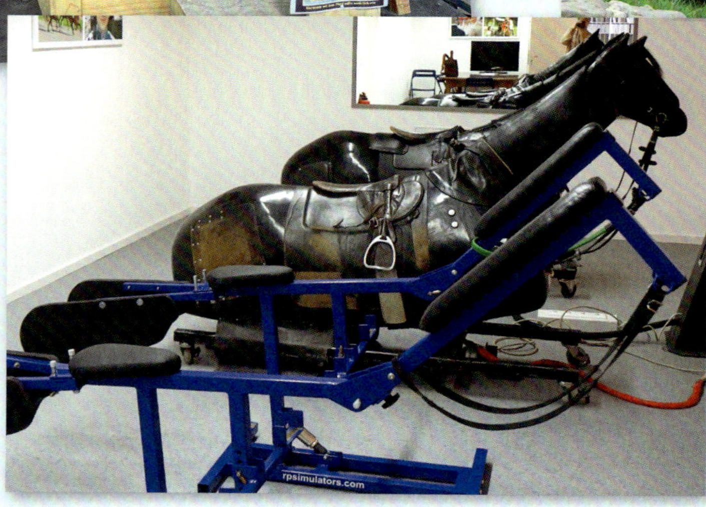

Fotos: privat

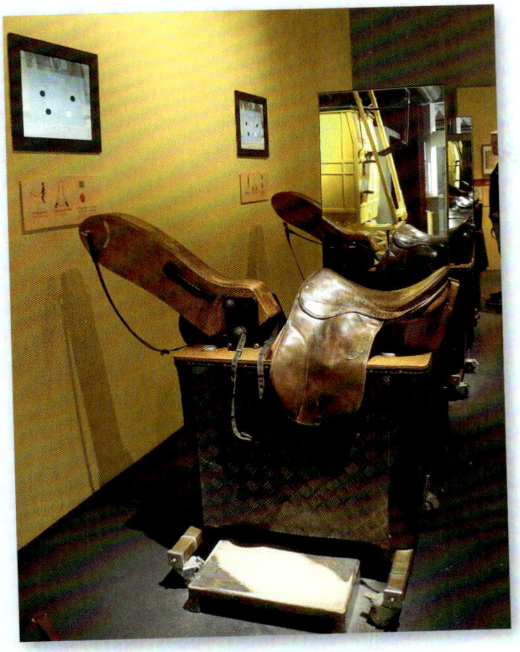

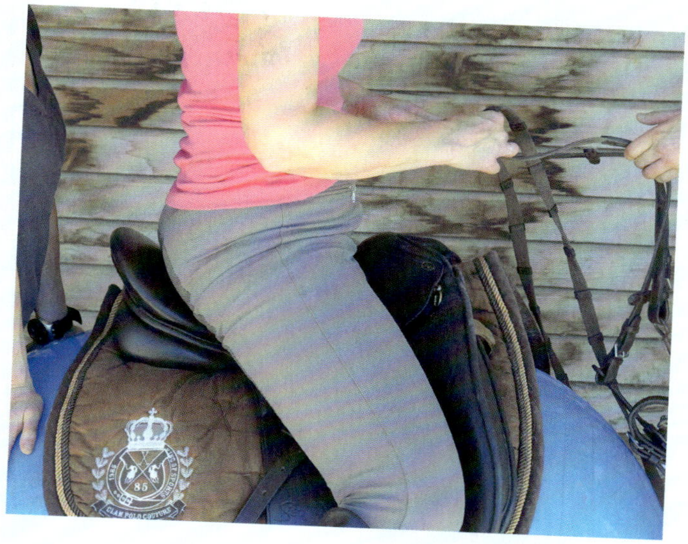

Fotos: privat

Sich auf den Rücken eines Pferdes zu schwingen und perfekt loszureiten ist der Traum eines jeden Reiters. Doch oft sieht die Realität anders aus und man fällt dem Pferd einfach in den Rücken und der Sitz ist gar nicht perfekt. Doch dieser lässt sich einfach überprüfen, ohne dabei ein Pferd kaputt zu reiten – mit der Hilfe von Reitsimulatoren und Sitzhilfen. Kirsten Fleiser hat sich auf die Suche begeben und einige dieser Sitzhilfen in Augenschein genommen.

Bei aller nachgeahmten Mechanik scheint die rhythmische Reitbewegung nichts von ihrer geradezu magischen Anziehungskraft einzubüßen. Dank moderner Technik erleben Reitsimulatoren einen wahren Boom, zumal bei den heutigen Modellen auch der professionelle Anspruch erfüllt wird. So bieten verschiedenste Ausführungen an Kunststoff-Pferden einen alternativen Einstieg in die Reiterei, der an Fahr- oder Flugschule erinnert.

Die immer gleichförmig erzeugte Bewegung erfordert keine Korrektur wie beim Pferd, das auf unsere Körpersignale möglicherweise falsch reagiert hat oder versucht, diese auszugleichen. Die einzelnen Bewegungen werden ganz bewusst entkoppelt und separat angelegt sowie die Lerngeschwindigkeit gesteigert. Dank unser aller Schaukelpferd-Konditionierung wirkt die „Reit"-Einheit zunächst durchaus spielerisch, bevor ambitioniert trainiert wird.

Wer profitiert von der Nutzung und kann sein Training sinnvoll ergänzen?

- Reiter mit Angst vorm Durchgehen, vor Stürzen oder Pferden
- Pferdeallergiker
- Wiedereinsteiger und ältere Reiter, um fit zu bleiben oder Bewegungsabläufe zu verfeinern
- Reitanfänger, die lernen wollen, ohne das Pferd zu belasten, und solche, die zunächst Angst abbauen oder körperliche Defizite kompensieren möchten
- Turnierreiter, die zum Beispiel eine Kür einstudieren, Aufgaben und korrektes Reiten der Hufschlag-Figuren trainieren möchten oder Sitz, Haltung, Hilfengebung und Balance schulen wollen
- Reha-Patienten nach Unfällen, Krankheit und so weiter als optimales Aufbautraining, um wieder Sicherheit zu erlangen und den gezielten Aufbau einzelner Muskelketten zu trainieren
- Hippotherapie-Patienten und Menschen mit Behinderungen
- Menschen, die viel am Schreibtisch sitzen und eine sportliche Abwechslung benötigen, profitieren ebenfalls von diesem Ganzkörpertraining – als Ersatz für das Fitnessstudio
- Reitsportgeschäfte zum Testen von Equipment für Pferd und Reiter
- Alle, die im Winter oder bei schlechtem Wetter keine Möglichkeit zum Reiten haben

Genau betrachtet, ist es wahrscheinlich die pferdefreundlichste Art des Reitens, weil eine Maschine präzise und ohne zu erschöpfen im Dauereinsatz genutzt werden kann. Um für den eigenen Körper eine Bewegung anzulegen, bedarf es ständiger und am besten korrekt ausgeführter Wiederholungen. Der Simulator ermöglicht das entsprechende Einfinden in den Rhythmus, beispielsweise von 100 fliegenden Wechseln in Serie, und das dadurch stattfindende Anlegen von Nervenleitungen, ohne an Exaktheit zu verlieren und das Pferd zu überfordern.

Was kann mit den technikgetragenen Einheiten erreicht werden?

Reiten ist als Sport ein sehr komplexes Ganzkörpertraining mit vielen positiven Trainingseffekten – sowohl physischen als auch psychischen. Nach meiner Einschätzung können bis zu circa 80 Prozent der Effekte, die auf dem lebenden Tier Ergebnis der Reitaktivität sind, auch durch die – im wahrsten Sinne – Trockenübung erzielt werden.

Besonderer Nebeneffekt ist die Förderung der sozialen Entwicklung und des Selbstwertgefühls durch bessere Körperbeherrschung. Straffere und stärkere Bein-, Gesäß-, Bauch- und Rückenmuskeln, speziell in der Tiefe, tragen dazu bei. Es werden ganz automatisch Muskelgruppen angesprochen, die im Alltag oft unberücksichtigt bleiben – mit ästhetischen Nebeneffekten wie einer schmalen Taille und dem Thigh-Gap.

Bei allen Geräten, die Bewegung erzeugen, bei der man gefordert ist, sich permanent auszugleichen und zu stabilisieren, findet auch ein Herz-Kreislauf-Training ohne Belastung der Gelenke statt. Ebenfalls verbessern sich der Gleichgewichtssinn und die motorische Koordination. Auch hier reduzieren die körperliche Bewegung und der Spaß negativen Stress und entspannen nach der Anstrengung.

Welche spezifischen Vorteile hat ein mechanisches Pferd?

Die meisten angetriebenen Simulatoren verfügen über einen Notstopp-Knopf, den der Reiter jederzeit selbstständig bedienen kann. Im Normalfall sind die Geräte fahrbar und es bedarf keines Verladetrainings, um sie auf einen Hänger zu bekommen.

Sie sind jederzeit wetterunabhängig einsetzbar und können nicht überlastet werden, wobei es auch hier Gewichtsgrenzen von circa 95 Kilogramm gibt. Eine Verlagerung des Trainings auf den Sitztrainer schont die eingesetzten Schul- und Therapiepferde.

Sofern korrekt gegeben, reagiert der Simulator vorhersehbar in der gewünschten Weise auf die jeweiligen Hilfen. So wird emotionaler Stress vermieden, der bei Unzufriedenheit mit der Ausführung der Aufgabe durch das eigene Pferd entstehen könnte. Es ist deutlich geringerer Platzbedarf vonnöten, als eine Reithalle erfordern würde.

Welche Dinge sind dem Pferd vorbehalten?

Es gibt auch Dinge, die ein Simulator aufgrund seiner Bauweise nicht vermitteln kann: wie sich Biegung oder Rückenaufwölben anfühlen, unerwartete Situationen wie Ausbrechen trainieren, auf Stimme oder Halsring reagieren, völlig natürliche Bewegungen inklusive der Schiefe, besondere Lektionen beispielsweise spanischen Schritt oder solche der Schule über der Erde und natürlich die Beziehung und Interaktion mit dem geliebten Tier auf allen Ebenen. Aber dazu sind sie auch nicht gebaut worden. Sie dienen dazu, den Sitz auf dem Pferd zu erfühlen und gegebenenfalls die eigene Sitzposition zu korrigieren.

Die vielfältigen Möglichkeiten, die Simulatoren zu einer pferdefreundlichen Herangehensweise ans Reitenlernen bieten, sind doch erstaunlich. Neben den im Folgenden vorgestellten Geräten gibt es auch solche für Fitnesstrainings, Sulkytraining, Springreiten, Polospiel, Voltigieren, Sturztraining und von Herstellern für Seniorenspielplätze.

Dressursimulator Hannover

Nach einer persönlichen Auftragsklärung ging es direkt in den Sattel von „Mr. Jones" von der Firma Racewood mit Sicht auf ein virtuelles Ausreitgebiet. Gestartet wird zunächst ohne Bügel und im Automatikmodus. Die dreidimensionale Schrittbewegung fühlt sich realistisch an. Der Reiter sollte sich der Bewegung locker hingeben und entspannt mitschwingen, um ins Fühlen zu kommen. Dann wird man dahingehend instruiert, sein Reitmuster zu korrigieren und den Ober- vom Unterkörper zu entkoppeln.

Reitsimulatoren können oder sollen das Erlebnis mit dem Pferd nicht ersetzen.

Foto: Christiane Slawik

Foto: privat

Kentauros System „Jean-Paul" – analysierende Simulation

Geboten wird in der Kürze der Einheit kein Reitenlernen oder eine Korrektur (bis auf meine hohen Hände), sondern eine etwas andere Form der körperlichen Anamnese. Die im sogenannten Body-Scan gewonnenen Erkenntnisse können dennoch hervorragend genutzt werden, sich im Sattel zu verbessern. Gestartet wird immer mit einem kurzen Einfühlen in die jeweilige Grundgangart, wobei die Bewegungen eher mechanischer Natur sind und ohne jegliche Hilfengebung auskommen. Darauf folgt die eigentliche Anamnese in der anschließenden gut 60-sekündigen Messung von circa zwölf Gangart-Sequenzen wie Tritten oder Sprüngen. Die ermittelten Parameter über Gewichtseinwirkung, Fähigkeit des Mitschwingens, Qualität der Zügelverbindung, eigene Händigkeit, unerwünschtes Schieben oder Klemmen werden als Kurvenverlauf ausgedruckt und anschließend gemeinsam analysiert.

Weil es darum geht, die Körpersteuerung zu lernen und Körperspannung mit korrektem Zügelmaß zu koordinieren, wird die Anforderung gesteigert. Alle wichtigen Fachbegriffe sollen koordinativ verinnerlicht werden – unabhängig sitzen, an die Hand reiten und kontinuierliche Anlehnung. Alle Hilfen muss man selbst geben und das Pferd erweist sich als gehfreudig. So gibt es für jede Gangart zwei Geschwindigkeiten – versammelt und Arbeitstempo – zum Zulegen oder Abfangen. Die Paraden sind so gut wie ohne Hand aus dem Sitz zu reiten; zieht man zu stark, schaltet sich das Gerät ab. Eine Reaktion bekommt man nur, wenn präzise Signale mit dem ganzen Körper gegeben werden. Dafür sind unter dem Sattel, an den Rumpfseiten und im Maul jede Menge Sensoren. Mithilfe der Instruktorin sind auch Einerwechsel in Serie möglich und ein wahres Vergnügen.

Foto: privat

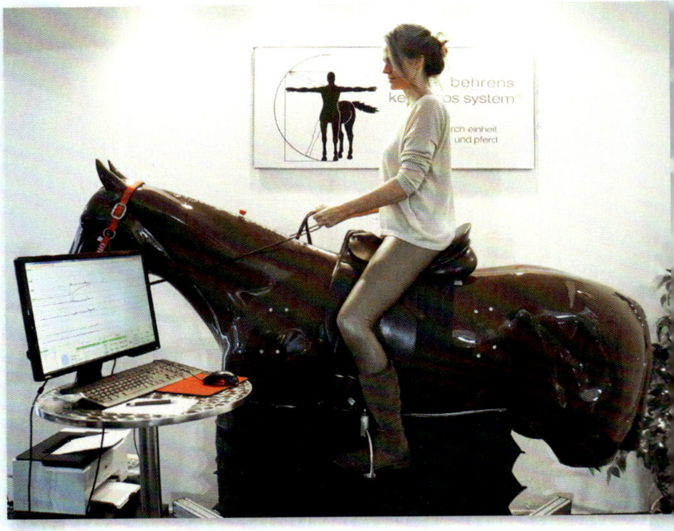

Foto: privat

Dieser Reitsimulator kann deutlich mehr als erwartet: Piaffe, Passage, Pirouetten, Seitengänge, Schenkelweichen, Rückwärtsrichten – sofern man diese Lektionen herausreitet. Dafür gibt es auch ein großes Viereck und wer immer schon von einem Strandritt träumt, wird auch strahlen.

Das Gerät zeigt, welche Verspannungen/Blockaden es im eigenen Körper gibt, welche Bewegungsmuster sich eingeschlichen haben und was man alles unbewusst tut, um vorhandene Disbalancen zu kompensieren. Man erhält auch konkrete Aussagen, welche punktuellen medizinischen Ursachen dafür verantwortlich sind, wo die reiterlichen Stärken liegen und woran man noch arbeiten könnte. Als Heilpraktikerin für Physiotherapie gibt Frauke Behrens Tipps mit auf den Weg, um an den diagnostizierten Defiziten zu arbeiten, damit das eigene Pferd diese nicht zusätzlich kompensieren muss.

Simulator Korrektes Schrittreiten – SiKoRei

Foto: privat

Der „SiKoRei“ von Ralf Döringshoff gilt eher als Sitzhilfe denn als Reitsimulator. Der Korpus selbst ist unbeweglich, nur der Hals wird elektrisch angetrieben, um die Nickbewegung im Schritt nachzuahmen. Das schwingende Bauchpendel wird durch einen Gymnastikball simuliert, der allerdings durch einen selbst oder durch den Trainer in Bewegung versetzt wird. Die Schenkel sollen den Ball aktiv nach rechts und links begleiten.

Die Kunst dabei ist, selbst im Gleichgewicht zu bleiben und die feine Verbindung zum Maul aufrechtzuerhalten. Bei einem „Ausritt“ war eine Matte zur Druckmessung unter dem Sattel, der ohne Gurt aufliegt, um auch das schonende Aufsteigen zu verinnerlichen. Auf einem Monitor wurde angezeigt, wie zentriert der Sitz ist und ob der Pferdrücken auch wirklich gleichmäßig belastet wird. Möglicher Korrekturbedarf erfolgt durch den begleitenden Trainer. Die treibenden Hilfen werden durch Selbstabholung vermittelt. Auch bei diesem Modell besteht keinerlei Möglichkeit, den Simulator zu beeinflussen; dafür ist es auch hier jederzeit möglich, wieder in den Rhythmus zu finden.

Generell ermöglicht die Konstruktionsweise durch permanente Wiederholung derselben Bewegung, ein sensomotorisches Muster anzulegen, um das Treiben im Schritt zu optimieren. Durch die Entkopplung von Beinen, Rumpf und Armen soll die Grundlage für störungsfreies Schreiten geschaffen werden. Ziel ist eine möglichst harmonische Einwirkung in allen Schrittvarianten. So soll die Gangart Schritt zur körperlichen und vor allem geistigen Entspannung des Pferdes optimiert werden.

Sitztrainer „Horst“

Schon das erste Platznehmen als Teil des Trainings zum gerittenen Bogenschießen hat mich begeistert. Die von Kate Bohnen selbst entwickelten Modelle unterscheiden sich in ihrer Feinjustierung und Gewichtsgrenze. Alle sind 360 Grad beweglich und rasten im Notfall ein. Gearbeitet wird ohne Bügel, was ungehindertes Durchschwingen ermöglicht und statt Bügeltritt den Hüftimpuls als Muster festlegt. Nach kurzer Eingewöhnung werden zunächst Sitzhilfen und Haltung kontrolliert. Dafür bewegt die Trainerin den Korpus händisch, um spüren zu können, ob man locker und gerade sitzt und frei atmet. Ich durfte auch selbst die Bewegung erzeugen und spüren wie Stuhlsitz, Verspannungen und angehaltener Atem die Durchlässigkeit des Reiters verhindern und das Pferd in seiner Bewegungsfreiheit einschränken. Dann ist ein deutlich höherer Kraftaufwand nötig, um den Korpus rhythmisch zu bewegen.

Foto: privat

Anschließend wird geturnt – anstrengende 30 Minuten im Schritt und Galopp mit therapeutischen Übungen sollen den Körper umprogrammieren. Was sich für einen selbst gerade anfühlt, ist es eben oft nicht, und das wurde schonungslos gespiegelt. Nachdem die Kompensierung und Muster beseitigt wurden, waren sogar Seitengänge auf dem sensibelsten Modell möglich. Die Einwirkungen wurden verfeinert dank Zerlegung der Bewegungen in ihre Komponenten.

Es war geradezu meditativ, wie man ohne Pferdebewegung ins Fühlen und ins innere und äußere Gleichgewicht gewiegt wird – dank Bio-Feedback und Korrektur durch die Trainerin.

Kölner Jockey-Schule

Foto: privat

Eine Trainingsmaschine für Jockeys der Firma Racewood auf der Kölner Galopprennbahn war der wildeste Ritt. Dabei braucht man keine zusätzliche Kraft aus den Armen, um das Pferd „anzuschieben", weil keine Nickbewegung stattfindet und lediglich Zügelkontakt zum Pferdemaul gehalten werden muss.

Es wurde nicht zwischen Rechts- und Linksgalopp unterschieden. Hauptsache die Balance ist sichergestellt, damit schnurgeradeaus geritten wird – selbst wenn Gertenhilfen vorne und hinten abgefragt werden. Problemlos konnte so zehnmal hintereinander vier Minuten im Renntempo geritten werden, um den Reiter fit zu machen, ohne dass das Pferd überfordert wird. Zumal auf dem Gerät lediglich Muskulatur und Ausdauer in Form von Intervalltraining trainiert werden. Die Kontrolle der Reittechnik wie Haltearbeit, tiefer Schwerpunkt und Federung im Becken erfolgt dabei optisch durch den Trainer. Das Reiten selbst wird immer im Training auf dem Pferd vermittelt.

Interaktive Publikumsmagnete im Westfälischen Pferdemuseum

Im Westfälischen Pferdemuseum tragen gleich drei Mustangs der Firma RUF, die mittlerweile nicht mehr hergestellt werden, enorm dazu bei, den Besuch so lebendig wie möglich zu gestalten.

Der runde Bewegungsablauf ist dabei immer gleichförmig und wird durch eine dreidimensionale Schwingungstechnik erzeugt. Lediglich die stufenlos einstellbare Geschwindigkeit bestimmt die zu vermittelnde Gangart.

Es fühlt sich nicht wie Schritt an, ist allerdings sehr entspannend und man kann gut in der

Foto: privat

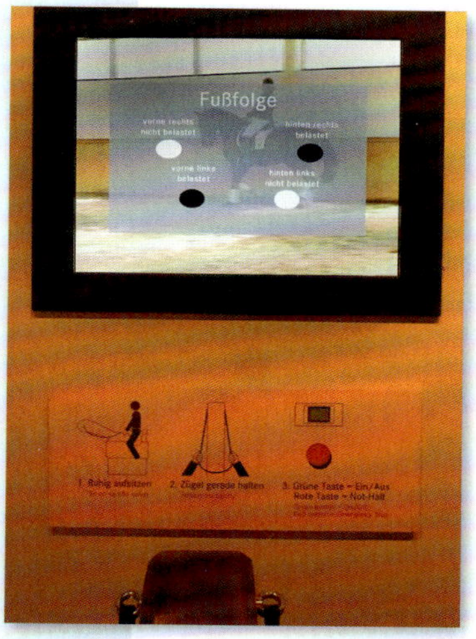

Foto: privat

Bewegung mitgehen. Selbst im Trab, der ohne Schwung daherkommt, wird man gut gelockert und kann die eigene Beweglichkeit und das Gleichgewicht verbessern.

Dafür wird es in der Galopp-Übersetzung wirklich anstrengend, die Bewegung abzufangen und den Zügelkontakt permanent aufrechtzuerhalten. Hier wird definitiv Kraft benötigt, um sich zu stabilisieren, zumal auch aus Sicherheitsgründen auf Steigbügel verzichtet wird. Dabei kommt es nicht auf Hilfengebung an, da man quasi in Endlosschleife bewegt wird.

Foto: Markus Schendzielorz/SMARTreiten®

Smartreiten mit Hooo...Go! und Reitnudel ReSi (= Reiten am Sitz)

ReSi aus der Poolnudel-Zucht ist geländesicher und der Proberitt fand mit ihrer Erfinderin Dr. Tuuli Tietze statt. Diese sehr einfache Konstruktion macht sichtbar, wie sich die eigenen Bewegungen respektive Sitzhilfen auf den Körper des Pferdes auswirken. Wenn beim lebenden Trainingspartner die Hinterhand aufgrund falscher Einwirkung ausbrechen würde, passiert das hier genauso und ist optisch wahrnehmbar. Mit geringer körperlicher Einwirkung von Hüft- und Schulterstellungen wird Spannung und Form in den an sich wabbeligen Schaumstoff gebracht – gegen die stabilisierende Hand, die den äußeren Zügel ersetzt. Allein über die korrekte Kombination aus einrahmender Körperposition und Beckenschwingen ist jede beliebige Lektion im eigenen Körper simulierbar – vom Schenkelweichen bis zur Traversale.

Aus demselben Stall kommt auch Hooo...Go! – ein gesattelter und gegen Wegrollen gesicherter Doppel-Gymnastikball, der in allen Gangarten, Übergängen und Seitengängen schwingt. Dafür müssen in einrahmender Sitzposition mit dem eigenen Becken entsprechende Impulse erzeugt werden.

Hier wird durch Beckenschaukel und Gewichtsverlagerung überprüfbar, ob diese korrekt im Körper des Reiters angelegt sind. Da der Sattel ohne Gurt aufliegt, ist besondere Präzision erforderlich. Zu starkes Wackeln wird von der Trainerin ausgeglichen und mit Korrekturvorschlägen beantwortet. Dadurch soll das Pferd mittels Kommunikation aus dem Sitz statt mit den Zügeln gelenkt werden.

Fotos: Markus Schendzielorz/SMARTreiten®

Beide Instrumente spiegeln fehlende Präzision plakativ. Es ist lediglich noch die Transferleistung in den Sattel des lebendigen Trainingspartners erforderlich, um den gewünschten Dialog zu führen.

Foto: www.bea-borelle.de

Salli-Sattelstuhl

Getreu dem Motto „Das ganze Leben ist Training" werden mit dem Sitztrainer von Balance & more für „Bürohengste oder -stuten" die Körperstruktur, der Muskeltonus und die Haltung während der Schreibtischtätigkeit verbessert. Aufgrund der Winkelung zwischen Oberkörper und Oberschenkeln wird auch die Hüfte geöffnet – anders als bei einem klassischen Drehstuhl, auf dem man eher passiv denn dynamisch sitzt beziehungsweise hängt. Kein Wunder also, dass auch viele Zahnärzte quasi vom Sattel aus behandeln – allerdings erst nachdem sie sich an das durchaus anstrengende Sichaufrichten gewöhnt haben.

Fazit: Irgendwie erinnert die Vielfalt der getesteten Kunststoff-Ponys an eine bunte Mischung von Reitschulpferden – von sensibel oder steif über gut ausgebildet und vielseitig bis speziell einsetzbar. Alle Geräte sowie die dazugehörigen Instruktoren konnten bestimmte Aspekte fördern und einen entscheidenden Beitrag zum Erlernen der Bewegungsmuster von Gangarten und relevanter Hilfengebung leisten.

Genau wie beim echten Reitenlernen sollte diese Trainingsform öfter angewendet werden. Es ist bedauerlich, dass diese Art der Körperschulung bisher wenig verbreitet ist. Schön wäre auch, wenn alle am Markt verfügbaren Geräte in einem Reiter-Trainingslager vereint würden und dort ihre jeweiligen Stärken ausspielen könnten.

Rückenschonender für das Pferd sind erste Reitversuche kaum möglich. Und all jene, in deren Gegend kein Gerät zur Verfügung steht, dürfen ihrer Kreativität freien Lauf lassen und sich selbst etwas bauen – wie beispielsweise Holger Kirsch, der einen Bauchgurt mit rausstehendem Laserpointer entwickelt hat, mit dem man vom Sattelbock aus mit dem Strahl Linien auf der circa einen Meter entfernten Wand nachmalen kann.

Natural Horse bedankt sich bei allen, die ihre Geräte zur Verfügung gestellt haben und ganz besonders bei Kai Schirmann von der Kölner Jockeyschule und bei Sybill Ebers, Geschäftsführerin des Westfälischen Pferdemuseums, für ihre fachliche Unterstützung.

Harrys Welt

Ich fühle mich gut aufgehoben

Ich bin jetzt schon über 32 Jahre alt und verbringe den größten Teil des Tages in meiner Herde auf der Weide. Abends gehe ich in meine Box. Richtiges Heu kann ich leider nicht mehr fressen, aber mein Mensch versorgt mich gut mit Heuhäcksel und Heucobs und dann und wann bekomme ich auch etwas Ungesundes, zum Beispiel eine Banane.

In meiner Herde gibt es acht andere Pferde, einige davon sind Stuten, die meisten Wallache. Von Zeit zu Zeit ändert sich die Herde, einige gehen, andere kommen. Dann gibt es immer viel Unruhe, bis die Rangordnung wieder geklärt ist. Ich habe damit kein Problem. In meinem Alter wartet man ab und geht jedem Streit aus dem Weg. Außerdem bin ich der „Alterspräsident". Als ältestes Pferd werde ich geachtet.

Auf der Nachbarweide geht es einem Senior nicht so gut, der wird ausgesondert und steht meistens allein. Ich weiß nicht, was er falsch macht. Ich weiß aber auch nicht, was ich besser mache.

Natürlich gibt es in unserer Herde auch einige Rüpel, meist Jüngere, die nach mir treten oder mich wegdrängen. Wenn das zu heftig passiert, geht der Leitwallach dazwischen und jagt die Rüpel weg. Ich bin nicht mehr so beweglich wie früher und meine Arthrose plagt mich ein wenig. Spielen und Herumtoben sind nicht mehr mein Ding. Ich möchte meine Ruhe, aber auch die Gesellschaft meiner Freunde.

Ich habe zwei Freunde, meine Boxennachbarn. Wir kennen uns schon seit über zehn Jahren und sind sozusagen der harte Kern der Herde.
Da wir die gesamte Hofanlage sehr gut kennen, weiß jeder von uns, in welcher Box er wohnt, und wenn wir abends in den Stall getrieben werden, geht jeder direkt in seine Box, wo das leckere Futter ist.

Auf der Wiese sind meine Freunde auch meine Beschützer. Manchmal versuchen die Rüpel, mir ganz langsam näher zu kommen, als wäre es Zufall. Der Leitwallach scheint das nicht zu bemerken. Der reagiert nur, wenn wir auf der Weide galoppieren oder schnell traben. Wenn es kein Spiel ist, sondern Aggression, geht er dazwischen.

Wenn es ernst wird, nehmen mich meine beiden Freunde in ihre Mitte und schützen mich vor Aggressionen oder Übermut. Das passiert in ganz langsamen Bewegungen.

Mein Mensch hat mich oft auf der Weide beobachtet. Es hat lange gedauert, bis er diese – scheinbar zufälligen – Bewegungen erkannt hat.

Er weiß jetzt: Ich bin in der Herde gut aufgehoben.

Euer Harry

Wer Fragen, Anliegen oder Wünsche hat, kann mir unter harry@naturalhorse.de eine Mail schreiben.

Kolumne

Sie möchten ein Abo ohne weitere Verpflichtungen? Dann abonnieren Sie Natural Horse jetzt!

- Lieferung frei Haus
- Jederzeit mit einer Frist von einem Monat kündbar
- Nur 45 Euro im Jahr (für 5 Ausgaben) in Deutschland, 57,50 Euro in Europa
- Sie verpassen keine Ausgabe
- Sie erhalten Ihr Heft früher als im Handel erhältlich

Sie möchten Natural Horse als epaper lesen?

www.naturalhorse.de
Online-Abo

Sie möchten Natural Horse verschenken?

www.naturalhorse.de
Abo

Ich möchte Natural Horse im Abo
Bitte einsenden an
Leserservice Natural Horse | Postfach 1363 | D-82034 Deisenhofen | abo@naturalhorse.de

☐ Ich möchte Natural Horse im Abo zum jährlichen Preis (5 Ausgaben) von 45 Euro innerhalb Deutschlands. Europa 57,50 Euro.

☐ Ab aktueller Ausgabe
☐ Ab nächster Ausgabe
☐ Ich möchte auch gerne den Newsletter erhalten (4 Ausgaben pro Jahr). Ich bin damit einverstanden, dass die Crystal Verlag GmbH mich per Telefon oder E-Mail über interessante Angebote informiert. Ich ermächtige die Crystal Verlag GmbH, wiederkehrende Zahlungen aus diesem Abonnement von meinem Konto mittels Lastschrift einzuziehen.

Name/Vorname

Straße Nr.

PLZ Ort

Tel./Mail

IBAN

BIC/Bank

SEPA-Lastschriftmandat
Ich ermächtige die Crystal Verlag GmbH, Gläubiger-Identifikationsnummer DE52ZZZ00001410577, Zahlungen von meinem Konto mittels Lastschrift einzuziehen. Zugleich weise ich mein Kreditinstitut an, die von der Crystal Verlag GmbH auf mein Konto gezogenen Lastschriften einzulösen. Ich kann innerhalb von acht Wochen, beginnend mit dem Belastungsdatum, die Erstattung des belasteten Betrages verlangen. Es gelten dabei die mit meinem Kreditinstitut vereinbarten Bedingungen. Die Mandatsreferenz wird separat mitgeteilt.
Widerrufsrecht
Die Bestellung kann innerhalb von 2 Wochen ohne Begründung widerrufen werden. Es genügt eine Mitteilung an den Leserservice Natural Horse und an die Crystal Verlag GmbH. Zur Fristwahrung gilt die rechtzeitige Absendung.

Datum/Unterschrift

Impressum

Natural Horse
Über den achtsamen Umgang mit Pferden
Friedrichsruher Weg 33
D-21465 Wentorf bei Hamburg
info@naturalhorse.de

erscheint in der Crystal Verlag GmbH
Friedrichsruher Weg 33
D-21465 Wentorf
Tel. +49 (0) 40 710 015 68
Fax +49 (0) 40 730 915 93
info@crystal-verlag.com

Herausgeber
Hans J. Schmidtke

Autoren dieser Ausgabe
Ulrike Dietmann, Ralf Döringshoff, Andrea Ehlers, Kirsten Fleiser, Dr. Christina Fritz, Petra Haubner, Martina Kiss, Gertrud Pysall, Silja Schießwohl, Jochen Schleese, Nina Steigerwald

Layout und Grafik
Eva Lakas Dipl. Des. (FH) | Berlin

Titelfoto
Christiane Slawik

Pressevertrieb
UMS Pressevertrieb Limited, 51545 Waldbröl

Abonnements
Leserservice Natural Horse
Postfach 1363
D-82034 Deisenhofen
Tel. +49 (0) 89 8 58 53-598
Fax +49 (0) 89 8 58 53-62 598
abo@naturalhorse.de

Einzelhefte
Crystal Verlag GmbH
Friedrichsruher Weg 33
D-21465 Wentorf
info@naturalhorse.de

Anzeigen
Kirsten Fleiser
Crystal Verlag GmbH
Friedrichsruher Weg 33
D-21465 Wentorf
anzeigen@crystal-verlag.com

Druck
Grafisches Centrum Cuno, Calbe

Natural Horse
natural_horse_pferdemagazin
Natural Horse

www.naturalhorse.de